Thomas Künne • Karsten Wendland

Chaos im Olymp

Tragödie oder Lustspiel? Ein Drama ist es allemal!

www.chaos-im-olymp.de

Bibliografische Information der Deutschen Nationalbibliothek:

Die Deutsche Nationalbibliothek verzeichnet diese Publikation in der Deutschen Nationalbiografie; detaillierte bibliografische Daten sind im Internet über < http//: dnb.d-nb.de> abrufbar.

Illustration: **Stefan Musch**
Satz: **Thomas Pelletier**
Herstellung und Verlag:
BoD- Books on Demand, Norderstedt

ISBN: **9-783-752862-44-7**

Inhaltsverzeichnis

Akt 1: Weihnachten

Szenario im Olymp:

Die Archetypen sitzen in einer Reihe, JUPITER in der Mitte (Analogie zum letzten Abendmahl). Alle verpacken Geschenke, denn Weihnachten steht vor der Tür. Auf dem Tisch liegen viele Christbaumkugeln, vor jedem Archetyp eine große Kugel in der jeweiligen kosmischen Farbe.

Die Götter selbst tragen T-Shirts in derselben Farbe, auf der Vorderseite mit Symbol und Namen des Archetypen und auf der Rückseite mit Symbol und Namen der Tierkreiszeichen.

Ein noch nicht fertig geschmückter Weihnachtsbaum lehnt an der Wand.

Licht aus, Spot an auf den ERZÄHLGEIST (der zum Publikum spricht), Abdimmen der Götter im Hintergrund, sie basteln unentwegt an ihren Geschenken weiter.

ERZÄHLGEIST: Ja, ist denn schon wieder Weihnachten? Psst, Sie müssen wissen, dass sich auch Götter wie kleine Kinder über Geschenke freuen! Ein besonderes Highlight ist es dann immer, wenn MERKUR, der Götterbote, aus dem Paternoster steigt und „etwas Neues" von den Menschen auf der Erde mitbringt. Beim letzten Mal waren das unter anderem Vinylplatten der Neuen Deutschen Welle. Uranus, das Luftzeichen, ist bei Nenas „99 Luftballons" tierisch abgegroovt.

Falls Sie sich nun wundern, und ich verspreche Ihnen, das werden Sie im Folgenden noch oft: Ein Jahr im Olymp entspricht circa 33 Jahren auf der Erde. Und oops, was sehen da meine entzündeten Äuglein: MERKUR ist im Anmarsch!

Spot auf Paternoster. Der ERZÄHLGEIST tritt ins Dunkle zurück.

MERKUR *(ist nicht zu überhören)*: Die Langeweile im Olymp hat ein Ende! Ich habe für jeden von Euch ein SMARTPHONE der neuesten Generation mitgebracht, das ist im Moment der absolute Renner bei den Menschen auf der Erde!

MERKUR schreitet fast majestätisch, auf alle Fälle stolz und gönnerhaft, von links nach rechts am langen Tisch der Götter vorbei, die fast wie Perlen in einer Reihe von sonnennah bis sonnenfern aufgereiht sind. Er gibt allen einzeln ihr persönliches Smartphone und endet rechts bei NEPTUN mit einem Wort an alle.

MERKUR: Die Bedienung ist übrigens kinderleicht, wenn die Menschen das hinkriegen, ist es wohl für uns Götter ein Klacks!

In den Mienen der Götter sieht man Vielfältiges von frohlockender Begeisterung, abwartender Skepsis bis hin zu misstrauischer Ablehnung. Dies kommt auch in den ersten Kommentaren zum Ausdruck.

SATURN (Steinbock): Das sehe ich auf den ersten Blick! Das braucht kein Mensch, geschweige denn wir Götter. Wer kommunizieren will, der soll doch bittschön seinen Mund aufmachen! Und wer nichts zu sagen hat, der möge einfach die Klappe halten!

MARS (Widder): Wie geil ist das denn? Als Kriegsgott werde ich sogleich mal in den Kriegsspielen rumballern, bis der Arzt kommt!

PLUTO (Skorpion): Apropos geil, gibt es da auch Filme unterhalb der Gürtellinie? Das muss ich unbedingt checken!

MOND (Krebs): Ich brauche etwas für das Gefühl! Wenn es das nicht vermitteln kann, ist es bloß wertloser Schrott!

VENUS (Stier & Waage): Als Göttin der Liebe muss ich natürlich als erstes die Partnerseiten und -vermittlungen checken. Ich will nicht, dass die sich da unten mit den Falschen vermehren wie die Karnickel, nur weil es das Smartphone so vorschlägt!

URANUS (Wassermann): Voll abgefahren, voll innovativ. Ich dachte schon, wir müssen bis zum Ende unserer Tage hier oben in Langeweile darben. Nun ist ACTION angesagt!

NEPTUN (Fische): Denk dran, mein Freund Uranus, wir sind unsterblich. Bis zum Ende aller Tage kann sich ganz schön hinziehen! Ob die Technik wohl so lange durchhält? Auf alle Fälle hat sie Suchtpotential, das spüre ich schon jetzt!

JUPITER (Schütze): Alle Achtung, MERKUR, mit Deinem smarten Weihnachtsgeschenk von „da unten" hast Du „hier oben" voll ins Wespennest getroffen. So lebendig und kontrovers zugleich war der Olymp schon lange nicht mehr, Chapeau!

Ich schlage vor, dass jeder von uns sich das in Ruhe ansieht, bevor wir hier in Vorurteile verfallen. Nun lasst uns gemeinsam Weihnachten feiern und ein göttliches Weihnachtsmahl genießen!

Ganz langsam wird es dunkler am Tisch der Götter, VENUS steht auf und zündet die bereitstehenden Kerzen an. Diese erschaffen ein mystisches und warmes Licht, eine Art Götterdämmerung. Der ERZÄHLGEIST tritt nach vorne, ein Spot erhellt ihn.

ERZÄHLGEIST: Götter sind im Grunde wie Menschen, bloß unkaputtbar! Gib Ihnen ein Smartphone in die Hand und schon fangen sie an, wie Menschenkinder herumzuspielen. Das ist wohl der göttliche Spieltrieb in uns allen, ein Schelm, wer Böses dabei denkt!

Ach ja: Und FROHES FEST allerseits...!

~ Ende Akt 1 (Weihnachten) ~

Akt 2: Silvester

Szenario im Olymp:

Der ERZÄHLGEIST räumt den Weihnachtsbaum von der Bühne ab, taucht wieder auf und zündet eine Wunderkerze an, lässt sie etwas brennen und geht ab.

Die Stimmung ist mehr als angeheitert, lautes Kichern wechselt sich ab mit ungezügeltem göttlichem Lachen. Man fotografiert sich gegenseitig, dreht Videos, lädt Musik herunter, kreiert auf Facebook eine eigene Gruppe namens Götterspeise, blättert in Apps von Kochrezepten, Wettervorhersagen oder den Schneehöhen in den Alpen. Kurz: Im Himmel wie auf Erden!

MERKUR *(ruft in die Menge)*: Ich habe mir soeben bei Amazon einen Rasierapparat mit Akku bestellt, den kann ich immer aufladen, wenn Jupiter seine Blitze aussendet!

SATURN: Ich bin gespannt auf die Portokosten, das wird sicher noch teurer als in die Schweiz!

VENUS: Da möchte sich doch tatsächlich so ein junger Schnösel mit mir zum Austausch von Körperflüssigkeiten treffen, geht's denn noch?

URANUS: Mach doch, schlimmer als mit MARS kann es ja eigentlich nicht werden!

MARS: Du hast doch keine Ahnung, was wahre Liebe ist, URANUS, du mit deinem unverbindlichen Gesülze von Freiheit, Gleichheit und Brüderlichkeit!

JUPITER: Meine Herren, seid lieb zueinander! Machen euch die Kriegsspiele auf Eurem Smartphone so angriffslustig? Seit Weihnachten macht ihr ja nichts anderes mehr!

URANUS: Papperlapapp, ich checke auch die Börsendaten in New York, Tokio, Frankfurt und London. Muss ich auch, denn ich bin voll investiert, alles oder nichts, deshalb bin ich auch permanent online. Und die Glücksspiele haben es mir ebenfalls angetan: Fußball- und Pferdelotto, Wetten auf den Verlauf des Yen, Euro oder Dollars. Elektrisierend!

MARS: Ein geiles Gerät, so ein Smartphone, da hast du die ganze Welt in diesem kleinen Teil, Hammer! Nach den vielen eher langweiligen Weihnachtsgeschenken der vergangenen Jahre hat unser Götterbote HERMES... äh MERKUR einen echten Knüller gelandet!

VENUS: Soll das heißen, dass mir der geschenkte Minirock vom Vorjahr nicht mehr steht?

MOND: Und dass mein Parfum nicht mehr das Gefühl von Nestwärme und Urvertrauen aussendet?

MARS: Oh meine Göttinnen, aber klar doch! Das alles hat nichts an seiner Ausstrahlung und Wirkkraft verloren. Und doch braucht die Welt und der Olymp ständig was Neues, es gilt doch: Wer nicht mit der Zeit geht, der geht mit der Zeit!

SATURN: Und das auf Kosten von Werten wie Ethik, Moral, höheren Werten, ehernen und unvergänglichen Gesetzen. Das alles für einen schnellen, wertlosen Klick ohne Tiefgang und Substanz!

URANUS: Auweia, unser ewig gestriger Moralapostel spricht. Das Leben ist Veränderung und Stillstand ist der Tod. Dir kann man wirklich nicht vorwerfen, dass du dich in den letzten Jahrtausenden verändert hast!

MARS: Geschweige denn weiterentwickelt! Wenn wir alle so wären wie du, gäbe es vielleicht keinen Krieg, aber auch keinen Fortschritt!

SATURN: Und was hat das bitteschön alles mit diesem dämlichen Smartphone zu tun?

MERKUR: Ich finde, eine ganze Menge! Erinnert euch doch an die lähmende Zeit der Menschheit, in der nichts passierte außer Mord und Totschlag, Kriege und Glaubenskriege, Stillstand und Rückschritt. Dieses Smartphone ist ja bloß die Spitze des Eisberges einer innovativen Menschheit mit wachsender Computerintelligenz für ein friedliches und sorgenfreies Miteinander. Ich sehe darin eine symbolische Kehrtwende zum Guten!

SATURN: Der Tag wird kommen, an dem die Computer intelligenter sind als die Menschen und er ist nicht mehr fern, glaubt mir!

PLUTO: Wie ihr wisst, liebe ich Veränderung, denn ich bin der Gott der Transformation und Metamorphose. Mein Freund Johann Wolfgang von Goethe hat mein Credo in die Welt der Menschen getragen: „Wenn Du nicht erkennst dieses STIRB und WERDE, so bist Du nur ein trüber Gast auf dieser dunklen Erde." Und doch bitte ich zu bedenken: Bei dieser Euphorie für diesen Technik- und Konsumhype brauchen die „da unten" uns „hier oben" womöglich immer weniger, wir werden mehr als flüssig, nämlich überflüssig!

SATURN: Danke, Pluto, deine Worte haben den nötigen Tiefgang. Manche in unserem Kreis verhalten sich schon wie oberflächliche Menschenkinder, die von ihren Geräten abhängig sind wie Süchtige von Ihrem Suchtmittel.

NEPTUN: Sag ich doch, das Zeug hat Suchtpotential. Bei mir läuft pausenlos Meditationsmusik oder Mantras direkt aus Tibet. Ich kann mir ein Leben ohne mein Smartphone gar nicht mehr vorstellen, so eine Bereicherung!

MOND: Ob Ihr es glaubt oder auch nicht: Für mich ist auch etwas Gefühlvolles dabei: Musik von Helene Fischer oder Filme von Rosamunde Pilcher! Wie ich das vermisst habe, so schön!

Der göttliche Alkohol fließt weiterhin in Strömen, es ist ja schließlich Silvester und keiner muss mit dem Auto nach Hause fahren. Der Olymp ist ja zugleich die Himmelskommune der Götter, Ihre WG sozusagen. Während die letzten Feiern zum Jahresende eher an Totensonntag erinnert haben, herrscht heute ausgelassene Stimmung bis zum Abwinken, wenn auch kontrovers, so doch erfrischend für alle.

Kurz vor Mitternacht erhebt der Chef des Olymps, JUPITER, sein Glas!

JUPITER: Meine Lieben, ich freue mich sehr, euch so fröhlich und voller Lebensfreude erleben zu dürfen. Zum letzten Mal haben wir so gefeiert nach Ende des 2. Weltkrieges, nach der Inquisition oder auch nach Überwindung der Pest.

Und doch sollten wir uns darüber im Klaren sein, was wir mit diesem Smartphone alle in Händen halten: ist es ein Segen oder ist es ein Fluch? Ich weiß es auch nicht so genau...!

Deshalb schlage ich vor, dass wir uns morgen, am Neujahrstag, ausgeschlafen und voller Tatendrang am frühen Nachmittag wiedersehen, um uns über Pro und Contra auszutauschen und auch demokratisch darüber abzustimmen, wie wir weiter vorgehen wollen! Und nun:

SALUTE auf ein GUTES NEUES JAHR!

Die Beleuchtung auf die feiernden Götter und JUPITER wird langsam aber sicher schwächer, ein Spot fällt auf den hervortretenden ERZÄHLGEIST, der zum Publikum spricht.

ERZÄHLGEIST: JUPITER wäre nicht der weise JUPITER, wenn er nicht hinter jeder noch so schmackhaften hellen Seite auch die Tücken der verborgenen dunklen Seite in sein Kalkül miteinbeziehen würde. Er weiß: Erst das macht das Bild zu einem stimmigen Gesamtbild. Im Moment schlägt das Pendel ja eindeutig in Richtung PRO aus, aber warten wir ab, ob das morgen bei nüchterner Betrachtung so bleibt. Wir dürfen gespannt sein!

Spot aus, Licht aus.

~ Ende Akt 2 (Silvester) ~

Akt 3: Treffen am Neujahrstag

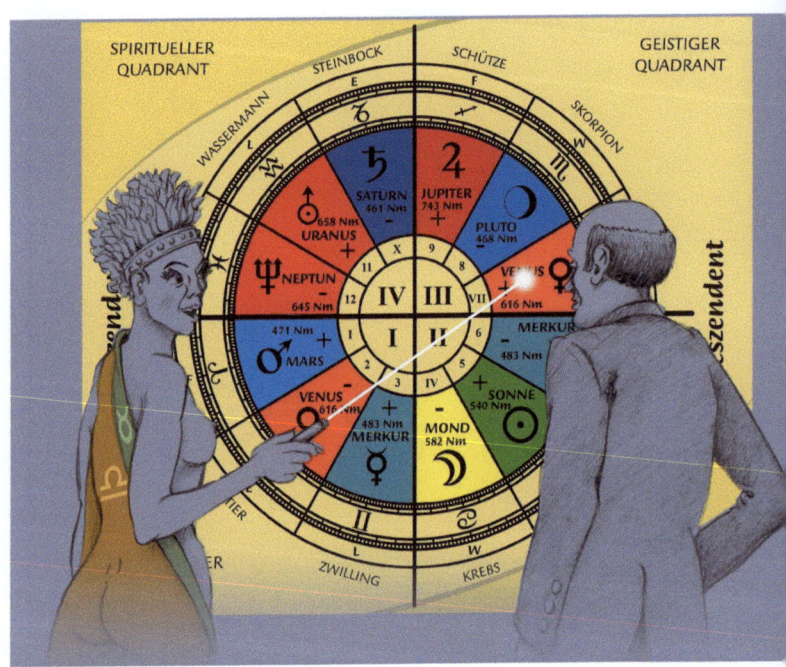

Szenario im Olymp:

Langsam, aber diszipliniert trudeln alle Götter ein, die eine oder der andere trägt eine Sonnenbrille, war wohl spät und feuchtfröhlich gestern. Heute sitzen die Götter im Kreis, welcher dem Tierkreis verblüffend ähnlich sieht, oder ist es gar umgekehrt: Der Tierkreis ist der Position der Götter und der Planeten, die sie symbolisch verkörpern, nachempfunden?

Jedenfalls blickt JUPITER zufrieden und zuversichtlich in die Runde, er weiß, dass er sich auf sein Team verlassen kann!

Plötzlich und aus heiterem Himmel ist das gesamte Szenario in hellstes weißes Licht gehüllt, alle wissen: Es folgt nun die Neujahrsansprache des SCHÖPFERGEISTES „Olympi et orbi" – für den Olymp und die gesamte Welt! Der SCHÖPFERGEIST ist die höchste Instanz, darüber geht nix!

Die Götter erheben sich und nehmen eine empfangende Demutshaltung ein.

SCHÖPFERGEIST *(unsichtbar, seine liebevolle und klare Stimme erklingt aus dem Off)*: Meine Lieben, ich wünsche uns allen ein gesegnetes Neues Jahr! Mögen wir das Unsrige dazu beitragen, dass die Menschheit und auch wir uns weiterhin zum Wohle aller entwickeln.

Im Laufe der Jahrtausende mussten wir ja heftige Rückschläge verkraften, zarte aufkeimende Pflänzlein wurden jäh und brutal von selbsternannten Machthabern und hirnrissigen Despoten zertrampelt, sie verwandelten aufstrebende lichtvolle Konzepte in dunkle Abgründe von Tod, Vernichtung und Hass.

Davon scheint sich die Menschheit langsam aber sicher erneut erholt zu haben, obwohl die Gefahr des Rückfalls in alte Strukturen zu allen Zeiten besteht. Das ist der Gang der Welt, denn wo viel Licht ist, da ist auch viel Schatten. Aber: Wo viel

Schatten ist, da ist auch viel Licht! Und hier wollen wir ansetzen, meine Lieben.

Wie ihr wisst, erleben wir momentan eine radikale Zeitenwende, das Fische-Zeitalter wird vom Wassermann-Zeitalter abgelöst. Wir wissen auch: „Jedem Anfang wohnt ein Zauber inne", und dies mit allen Chancen, aber auch Risiken.

Wir müssen an dieser wichtigen Nahtstelle auf der Hut sein, sonst fliegt uns der ganze Laden erneut um die Ohren. Wir sind unsterblich, aber Mutter Erde und alle Lebewesen auf ihr sind das nicht! Solche Patzer wie bei Nero, der Hexenverbrennung oder auch dem gescheiterten Künstler mit dem Schnurrbärtchen, dürfen uns nicht mehr passieren. Und ihr wisst auch: Leider gibt es da noch unzählige andere Beispiele!

Ich sag euch was: Die „da unten" werden im Moment irgendwas zwischen flügge und übermütig. Manche Machthaber haben auch heute nicht alle Latten am Zaun, aber was für uns alle ebenso brandgefährlich ist: Die neuen Götter heißen nicht mehr VENUS, MERKUR oder SATURN, sondern Konsum, bis der Arzt kommt, Besessenheit von Technik und grassierende Respektlosigkeit vor der gesamten Schöpfung.

Wir müssen genau checken, was da unten los ist. Auch um unserer selbst willen. JUPITER, bitte organisiere dies in alter Frische und gewohnter Qualität!

Lebt wohl, viel Erfolg und alles Gute für's Neue Jahr und alle Ewigkeit!

Ich bin dann mal weg!

Das helle Licht verschwindet ebenso schnell, wie es gekommen ist. JUPITER steht auf und schreitet zunächst einmal um den Kreis der Götter herum.

JUPITER: Dieser Neujahrstag ist ein historischer Tag, denn wir leiten gemeinsam eine Zeitenwende ein, wie oben, so unten!

Wir machen diesen Job nun bereits viele Jahrtausende, und bevor sich Routine einschleift, dürfen und müssen wir über unsere Aufgaben und auch unser Selbstverständnis nachdenken.

Jeder hat am eigenen Leib gespürt, was diese innovative Entwicklung der Menschen, dieses Smartphone, mit ihm anstellt. Dabei ist es nichts anderes als ein Symbol für den derzeit herrschenden Zeitgeist der Menschheit.

Unsere Testphase ist mit dem heutigen Tag erst einmal vorbei, wir sollten nun vollkommen demokratisch darüber diskutieren und danach abstimmen: Segen oder Fluch? Daumen hoch oder Daumen runter?

Erst dann leiten wir weitere Schritte ein!

Ich bitte nun um Eure Statements inklusive Selbstverständnis und Positionsbeschreibung des eigenen Aufgabenbereiches im Olymp, für den Fall, dass uns zugehört wird!

JUPITER nimmt Platz und MARS erhebt sich flink und kraftvoll, als ob der Silvesterabend spurlos an ihm vorbeigezogen ist.

MARS: Ich lege los, ich bin der Krieger und Kämpfer, immer bereit für spontane Aktionen aller Art, die schnelle Power und Durchsetzungsvermögen erfordern. Zugegeben: Ich bin nicht der ausdauernde Marathonläufer, ich bin der pfeilschnelle Sprinter, der immer erster sein will und meist auch ist.

Ich finde es stark, dass die menschliche Schlafwagenveranstaltung „da unten" in Gang kommt, Action pur, wenn auch nicht Auge um Auge, face to face, aber immerhin. Diese moderne Technik der Menschen bietet einiges, um seine Aggression und seinen Tatendrang zu leben und zu erleben.

Ebenso rasant, wie MARS erschienen ist, so verschwindet er auch wieder, oder besser: Er setzt sich zurück in den Kreis der Götter. Der Spot wechselt von ihm auf VENUS, die sich standesgemäß wie eine Diva erhebt, voller Anmut und Grazie. Sie fixiert zunächst jeden mit Ihren liebevollen und betörenden Augen, erst dann beginnt sie zu sprechen.

VENUS: Meine Lieben, ich setze zunächst meinen Stier-Hut auf, ein Geschenk von bayrischen Landfrauen als Dank für ihr fruchtbares Leben. Die Stier-VENUS in mir ist bodenständig, verwurzelt und naturverbunden mit Mutter Erde, für mich gilt: „Einen aufgemalten Kuchen kann keiner essen!". Dieses ganze Technikgedöns ist doch nur ein fader Ersatz für das Natürliche, das greifbare, echte und sinnliche Erleben, ein aufgemalter Kuchen, der keinen satt macht, sondern eher noch hungriger.

Die Waage-VENUS in mir trägt einen eleganten Hut aus der Pariser Haute Couture, ich liebe das Schöne, die Kunst in Harmonie und Ästhetik. Ansprechende Impressionen, eine Opern- oder Vorstellung aus der Met in New York oder ein geführter Rundgang durch die Eremitage in Sankt Petersburg, das hat was! Und ja, ich habe beinahe das Gefühl, wirklich dabei zu sein und nicht nur virtuell. Auf jeden Fall: Besser so erleben als überhaupt nicht. Das gilt übrigens auch für diese Partnerseiten, da können auch eher verstaubte Ladenhüter an den Mann und die Frau gebracht werden!

MERKUR kann es kaum erwarten, bis VENUS sich ebenso geschmeidig niederlässt, wie sie sich auch erhoben hat. Und, schwupps, schnellt er nach oben wie eine Sprungfeder, das SMARTPHONE wie eine Trophäe zum Himmel über dem Olymp gestreckt, quasi wie ein Hollywoodstar, der seinen Oscar allen zeigen muss.

MERKUR: Jawoll, auch ich bin wie VENUS mindestens ein

Zwitter, einerseits der luftig leichte Zwilling, andererseits die erdig bodenständige Jungfrau.

Der Zwilling in mir jubiliert in höchsten Tönen: Endlich wird die gesamte Welt zum globalen Dorf, endlich errichten diese Menschen eine umfassende Infrastruktur für weltweite Kommunikation. Was da alles möglich sein wird, wir stehen erst ganz am Anfang einer technischen Revolution, das Leben wird zum Jahrmarkt der Möglichkeiten.

Als Jungfrau-MERKUR sehe ich naturgemäß diese Entwicklung da unten eher skeptisch, bietet doch diese schöne neue Technikwelt auch viel Spielraum für Manipulation, Missbrauch, Ausbeutung oder Gängelung. Der Mensch könnte schlimmstenfalls zur blutleeren Marionette der Technik werden, die ihn eigentlich überhaupt nicht mehr braucht, das heißt: Er schafft sich im Grunde selbst ab.

MERKUR reiht sich wieder flink ein in den Reigen der sitzenden Götter, der MOND erhebt sich langsam, wortlos und voller gefühlvoller Gesten.

MOND: Ihr immer mit eurem modernem Kram, was doch wirklich zählt, sind unsere wahrhaftigen Gefühle. Außer von VENUS habe ich noch nichts bisher gehört, was meine empfindsame Seele als Tierkreiszeichen Krebs wirklich angesprochen hätte. Gut, ich muss schon zugeben, dass diese Technik auch die Möglichkeit bietet, mit seinen Lieben zu kommunizieren, sei es telefonisch, per Skype, E-Mail, SMS oder WhatsApp und wie die alle heißen. Auch kann ich romantische Schnulzen als Musik oder Film konsumieren und das sagt schon alles: Ich konsumiere, statt zu fühlen oder zu erleben. Ist das besser als nichts? Ich weiß das noch nicht so genau!

Genauso wortlos wie gefühlvoll lässt sich der MOND wieder auf seinen Platz sinken, er ist kein Freund großer Worte, eher großer

Gefühle. Dafür erhebt sich nun fast pompös und majestätisch die SONNE, oder besser: Die SONNE geht auf, man hat das Gefühl, dass es irgendwie heller wird im Olymp!

SONNE: Als SONNE bin ich verantwortlich für das Tierkreiszeichen Löwe, der ja bekanntlich als König (der Tiere) gilt. Diese Technik kommt mir zugute, um mich noch besser ins rechte Licht zu setzen, ja, sie unterstützt meine Bühnenpräsenz vortrefflich. Mein Motto lautet ja bekanntlich: „Sei gut und sprich auch darüber!" Ich finde, jeder sollte das wissen und auch leben, keinem ist doch gedient, wenn wir uns ein Leben lang klein und mickrig machen, uns im Dunkeln verkriechen! Nein, wir sind geboren, um unser Licht in die Welt zu tragen. Diese Technik hilft dabei, unser Licht überall hin zu streuen, bis in die kleinste Hütte am Ende der Welt!

Die SONNE versinkt in ihrem Sessel, nicht ohne ein spektakuläres Nachglühen zu hinterlassen.

Der ERZÄHLGEIST tritt nach vorne, ein Spot ist auf ihn gerichtet. Er wendet sich direkt zum Publikum.

ERZÄHLGEIST: So, das war sie schon, die erste Halbzeit unserer Olympiade zum Neujahrstag. Während sich die Akteure frisch machen für die zweite Hälfte, können wir mit unseren Interviews beginnen.

Der ERZÄHLGEIST schnappt zuerst sein Mikrofon und dann MARS, der schon wieder stürmisch auf das Display seines Smartphones hämmert. In seinem Mund räkelt sich lässig eine qualmende Zigarette, ja, auch Götter rauchen ab und zu.

ERZÄHLGEIST: Probleme?

MARS: Das kann man wohl sagen! Unser Empfang hier oben ist zum Kotzen, dauernd atmosphärische Störungen!

ERZÄHLGEIST: Und wo liegt nun das Problem?

MARS: Das kann ich Dir sagen: Solange sich JUPITER gegen WLAN sträubt, kann ich mir meine Schnürschuhe beim Versenden von E-Mails binden, erst links und dann rechts! Er meint, die Schwingungen könnten unser feinstoffliches göttliches Gespür eventuell durcheinander bringen!

ERZÄHLGEIST: Und was ist, wenn er es nur gut meint mit Euch?

MARS: Papperlapapp, ich bin Mars, der Kämpfer und Krieger und nicht Mars, der Warmduscher und Jammerlappen. Ich kämpfe offen, ehrlich und beherzt für meine Anliegen, mit offenem Visier, komme, was wolle!

MARS zieht entnervt weiter, reckt abwechselnd mit einer Hand sein Smartphone zum Himmel, mit der anderen ballt er wütend und fluchend eine nach oben gerichtete Faust.

Der ERZÄHLGEIST blickt hinüber zu VENUS und wendet sich sogleich dem Publikum zu:

ERZÄHLGEIST: VENUS pudert noch ihr Näschen, das kann dauern!

Stattdessen zieht er einen Laserpointer aus der Tasche und richtet den Leuchtpunkt sogleich auf das erste Feld der kreisrunden Grafik an der Wand.

ERZÄHLGEIST: Meine Damen und Herren, während wir noch auf Venus, die Göttin der Liebe warten, möchte ich Ihre Aufmerksamkeit auf diesen sogenannten „Mundanen Tierkreis" lenken. Er zeigt uns alles, was wir wissen müssen!

Indes gibt VENUS ein Zeichen, das wohl heißen soll: „Ich komme gleich!" Der ERZÄHLGEIST zeigt sich unbeeindruckt, weiß er doch, dass „gleich" bei Frauen (im Allgemeinen und bei VENUS im Besonderen) nicht unbedingt „sofort" bedeutet.

ERZÄHLGEIST: Mein Leuchtpunkt verweist auf die Lebensbühne von MARS mit seinem Tierkreiszeichen Widder im Feuer-Element. In diesem Tierkreis mit seinen 12 Lebensbühnen und Häusern folgt übrigens immer bei den vier Elementen Erde auf Feuer, Luft auf Erde und Wasser auf Luft. Immer! Und auf ein männliches Zeichen folgt ein weibliches. Immer!

Apropos weiblich: VENUS schwebt nun ebenso graziös wie fordernd in ihrer vollen Schönheit und mit diesen Worten auf den ERZÄHLGEIST zu.

VENUS: Immer muss ich auf Männer warten, wann können wir denn endlich mit dem Interview beginnen?

Ohne zu fragen, schnappt sich VENUS den Laserpointer des ERZÄHLGEISTES und wirft den Lichtpunkt zunächst auf die 2. Lebensbühne (Haus der VENUS als Tierkreiszeichen Stier) und anschließend auf die 7. (Haus der VENUS als Tierkreiszeichen Waage). Sie säuselt in Richtung des ERZÄHLGEISTES.

VENUS: Frag mich doch bitte einmal, wie ich es finde, dass ich zweimal im Tierkreis vertreten bin!

ERZÄHLGEIST *(verdutzt, aber beherrscht)*: Liebe VENUS, wie findest du es eigentlich, dass du ZWEIMAL im Tierkreis vertreten bist?

VENUS *(wie aus der Pistole geschossen):* Angemessen, absolut angemessen! Schließlich bin ich die Göttin der Liebe und der Eigenliebe, ohne mich wäre die Menschheit da unten längst ausgestorben. Der Austausch von Körperflüssigkeiten sorgt für Nachwuchs, von Ewigkeit zu Ewigkeit. Was bringt die Zukunft? Etwa kopulierende Tablets zur Zeugung von Smartphones?

VENUS erwartet keine Antwort. Sie hat in einer Nische des Olymps einen Spiegel entdeckt, zu dem sie augenblicklich mit schwingenden Hüften hinübergleitet, um ihre Haare zu richten sowie Lippenstift und Lidschatten zu optimieren. Die schmachtenden und anerkennenden Blicke der männlichen Götter genießt sie sehr.

MERKUR kommt luftig-leicht wie eine Feder mit folgenden Worten zum ERZÄHLGEIST angeflogen:

MERKUR: Mamma mia, das war ja mal wieder typisch Frau und typisch VENUS. Eine Inszenierung, die Aufmerksamkeit und Beifall erhaschen soll, und wofür? Ich bin doch als MERKUR wie VENUS auch zweimal vertreten, und nun? Was wäre die Welt ohne Kommunikation? Die „da unten" würden immer noch Bananen biegen und mit Kokosnüssen werfen. Und mache ich mich deshalb wichtig?

JUPITER schnappt beim Schlendern durch den Olymp MERKURS Worte auf.

JUPITER: Du vielleicht nicht, mein lieber MERKUR, die Menschen schon. Denn die fühlen sich ohne Smartphone inzwischen wie asoziale Obdachlose und so benehmen sie sich auch!

Und so schnell wie JUPITER auftauchte, so schnell verschwindet er auch wieder. Stattdessen fällt des ERZÄHLGEISTES und MERKURS Aufmerksamkeit auf den MOND, der zusammengekauert wie ein Häufchen Elend in einer Ecke sitzt und weint. Sie gehen zu ihm hinüber und da platzt es auch schon aus dem MOND heraus.

MOND: Das ist das Ende der Gefühle, der Supergau für ehrliche und wahrhaftige Emotionen. Das Bild deines Kindes kannst du nicht streicheln, eine Blumenwiese kannst du nicht riechen, die Technik gaukelt dir eine bunte Welt aus Bits, Bytes und Pixeln vor. Das ist doch wie ein Trojanisches Pferd, zuerst als Geschenk und Segen willkommen, bis es sich als schreckliche Gefahr entpuppt! Dann ist es oft zu spät.

Wie von selbst gesellt sich die SONNE zu dem Trio aus ERZÄHLGEIST, MERKUR und MOND. SONNE und MOND verbindet seit Urzeiten ein magisches Verhältnis aus Licht und Schatten, sie fühlen sich wie die zwei Seiten derselben Medaille. Die SONNE spricht vollen Herzens.

SONNE: Mein lieber MOND, ja, es ist dein Naturell, in erster Linie den Schatten zu sehen, und das ist auch gut so. Du spürst: Wo viel Licht ist, da ist auch viel Schatten. Erinnere dich jedoch auch an die Worte unseres SCHÖPFERGEISTES: Wo viel Schatten ist, da ist auch viel Licht. Bevor wir werten oder ein zu schnelles Urteil fällen, müssen wir genauer hinschauen und die Vorteile mit den Nachteilen abwägen, das sind wir uns und der Menschheit schuldig!

JUPITER schlägt sanft aber beherzt seine göttliche Klangschale an, die Gespräche verstummen sogleich und JUPITER bittet alle an ihre Plätze zur zweiten Halbzeit.

Mitten in diese Stille platzt jedoch das Signal des von „unten" ankommenden Paternosters. Ohne zu zögern, springen SATURN, MERKUR, MOND und VENUS wie von der Tarantel gestochen auf und rennen in Richtung des Paternosters, der in diesem Augenblick den Blick auf vier Pakete freigibt.

MERKUR *(brüllt in die Runde):* Unsere Bestellungen sind da, hurra!

JUPITER *(verdreht zunächst ein wenig die Augen):* Ich glaub' das jetzt nicht, meine Götter als verkappte Konsumjunkies!

SATURN: Moment, Chef! Ich habe mir für unsere Bibliothek die neu überarbeitete Luther-Bibel und das Standardwerk zur

Ethik von Spinoza geordert. Das ist Bildung pur, nix Konsum!

MOND *(in einer wohlkalkulierten Mischung aus Trotz und einem Anflug von Beleidigtsein):* Und für mich die Gesamtausgabe aller Rosamunde-Pilcher-Verfilmungen für kuschelige Götterdämmerungen.

MERKUR *(prustet förmlich heraus):* Ich sage es frei heraus, ist was Praktisches: ein Rasierapparat! Ich sage ja immer: Ab mit den alten Zöpfen und Bärten, jetzt kann jeder Hand an sich legen!

ERZÄHLGEIST *(hinter vorgehaltener Hand):* Wir wissen nicht, ob MERKUR mit dieser flapsigen Bemerkung auf die Bestellung von VENUS hinweisen wollte, die bei oberflächlicher Betrachtung an ein nützliches Küchengerät in der Gestaltung eines Mixers oder Pürierstabes erinnert. Wohlgemerkt, nur in der oberflächlichen, zumal die Beschriftung „Venus – für intime Momente" durchaus andere Schlüsse nicht nur zulässt, sondern geradezu provoziert.

VENUS selbst schweigt, errötet galant und setzt sich wieder in den Kreis, die drei anderen ebenfalls.

ERZÄHLGEIST *(zum Publikum):* VENUS ist ja bekanntlich Vegetarierin! Da fällt mir doch ein Kalauer dazu ein, wenn ich den Inhalt ihres Päckchens richtig deute: Kennen Sie eigentlich den Unterschied zwischen Tofu und einem Vibrator?

Nein, kennen Sie nicht? Da gibt es auch keinen, denn beides ist Fleischersatz!

Doch Spaß beiseite, schauen Sie doch bitte auch einmal, mit welcher weisen und majestätischen Ruhe und Gelassenheit JUPITER wieder alle seine Schäfchen um sich herum versammelt! Er ist ein strahlendes Vorbild für uns alle, wir alle schätzen und respektieren ihn, er ist der Leuchtturm in hellen wie in dunklen Zeiten!

JUPITER schlägt erneut sanft aber beherzt seine göttliche Klangschale an, die zweite „Halbzeit" beginnt mit PLUTO. Es scheint, als ob er ganz plötzlich von irgendwo herkommt, quasi aus dem Nichts. Er beginnt zu sprechen, eher leise und doch durchdringend.

PLUTO: Als Gott der Unterwelt erkenne ich „da unten" ein enormes Potential, um im Dunkeln zu munkeln. Sicher, dem gemeinen Volk verkaufen sie die Technik an der Oberfläche als gigantischen Fortschritt, als Sieg des intelligenten Menschen über die Irrungen und Wirrungen des Alltags. Die Gretchen-Frage lautet jedoch: können die „da unten" damit bewusst umgehen?

Schon dieser Friedrich Schiller hat irgendwann diese Frage gestellt: „Woran liegt es, dass wir immer noch Barbaren sind?" Ich glaube, „da unten" gilt immer noch die Maxime der Römer PANEM et CIRCENSES, Brot und Spiele: Gib denen was zum Spielen und sie machen, was du willst, dann kannst du sie dorthin manipulieren, wohin du sie haben möchtest.

Das ist mein Gefühl und wie ihr wisst, kann mir da als tiefgründiges Wasserzeichen niemand was vormachen!

So mysteriös wie PLUTO erschienen ist, so entschwindet er auch wieder, plötzlich ist er weg, irgendwo und irgendwie in der Dunkelheit, im Nirwana des Olymps.

JUPITER erhebt sich und es wird schlagartig wieder hell.

JUPITER *(mit würdevoller, sonorer Stimme):* Ich spreche zu euch als Tierkreiszeichen Schütze, dessen Herrscher ich als JUPITER bin, und nicht als „Chef". Mir geht es primär um den Sinn dieser verlockenden Entwicklung. Bedenkt bitte, dass wir schon viele sogenannte Hochkulturen auf diesem Planeten Erde gesehen haben. Irgendwann sind sie dekadent, übermütig und leichtsinnig geworden. Sie hatten den Sinn verloren, nur noch

Amusement, bis der Arzt kommt.

Es ist doch so: Je sinnentleerter ein Mensch ist, desto mehr bestimmen Äußerlichkeiten sein Leben. Ihr wisst es alle, ein Leben ohne Sinn ist Sinn-los!

Wir dürfen uns fragen, ob dieser Technik-Hype die Menschheit auf der Sinnsuche unterstützt oder sie eher davon abhält.

Ich weiß wohl, dass ganz andere Interessen diese Frage überlagern. Aber wir wären keine unsterblichen Götter, wenn wir uns von Oberflächlichem blenden ließen. Wir müssen tiefer schürfen, wir müssen hinter die glitzernde Fassade schauen.

Denn nur dort erkennen wir Sinn und Un-Sinn, Licht und Schatten. Und wir sehen, ob und wie wir unterstützend aktiv werden können oder müssen, wenn der Zug in eine vollkommen falsche Richtung fährt. Dann heißt es: Weichen stellen, bevor der Zug entgleist.

JUPITER nimmt wieder im Kreis der Götter Platz, es wird merklich dunkler. SATURN erhebt sich ohne Umschweife.

SATURN *(klar und direkt)*: Nüchtern betrachtet, finde ich diesen technischen Schnickschnack ebenso unlustig wie überflüssig. Wahre Werte des Menschen kommen von innen, sie müssen erst angesät, dann gehegt und gepflegt werden, um zu wachsen und zum Wohle aller zu gedeihen.

Schaut sie euch doch mal in Ruhe an, diese Menschen. Wie bei einem schlechten Schüler, der permanent seine Hausaufgaben vernachlässigt, suchen sie ständig Zerstreuung im Außen! Gut zugegeben, die Technik kann inzwischen einiges, aber sie regt die meisten Menschen nicht wirklich zur Weiterentwicklung an, am wenigsten der geistigen. Eher zum Gegenteil, ich habe bisweilen den Eindruck, die verblöden da unten. Und weil sie immer blöder werden, merken sie es noch nicht einmal.

Gut, der Weg nach innen ist oft mühsam und steinig, doch er führt in letzter Konsequenz zum Wesentlichen, zum Wesen des Menschen in Reinkultur. Stattdessen amüsieren die sich zu Tode, wirklich beängstigend. Doch jeder ist seines Glückes Schmied, wie auch seines Unglückes!

SATURN nimmt wieder schwerfällig Platz. Jeder merkt ihm an, wie seine Worte auf ihm lasten.

Ganz anders dagegen URANUS: fast wie ein Hofnarr tänzelt er mit schwenkenden Armen auf seinem Platz, von dem er sich pfeilschnell erhoben hat. Es platzt förmlich aus ihm heraus.

URANUS: Mein allerbestes Götterteam, wir leben nun im Wassermann-Zeitalter, die Steinzeit war einmal und ist Geschichte. Heute gilt doch: Fehlende belastbare Fakten werden durch blühende Fantasie ersetzt. Und was nicht stimmt, wird stimmig gemacht.

Als URANUS bin ich verantwortlich für das Tierkreiszeichen Wassermann und damit auch für das namensgleiche Zeitalter, welches ja für die Menschen noch über 2000 Jahre dauern wird. Die „da unten" lassen sich nichts mehr „von oben" vorschreiben wie im Mittelalter oder so. Die wollen ihr Ding machen und das machen sie auch. Wir sollten ihren Drang nach Freiheit unterstützen, nicht lähmen. Die Technik ist doch bloß eine Brücke in eine andere Welt, die noch keiner wirklich kennt, sie heißt Zukunft.

Gut, ein Teil der Menschheit braucht Hilfe, ein anderer Unterstützung und ein dritter eventuell auch einschränkende Maßnahmen. Ich glaube nicht, dass die Menschen verloren sind, sie sind nur anders. Und die Technik unterstützt diesen Trend zum Anderssein, anders als die vielen Generationen zuvor. Denn die sind tot, diese Menschen leben.

Unter den Göttern herrscht ein wenig Unruhe. Das liegt wohl daran, dass URANUS selten etwas zum eigentlichen Thema sagt, sondern seit der Französischen Revolution immer um dieses Mantra von „Freiheit, Gleichheit, Brüderlichkeit" predigt. JUPITER beendet das göttliche Getuschel durch sanftes aber deutliches Anschlagen seiner kosmischen Klangschale.

JUPITER: Der Kreis schließt sich mit unserem göttlichen Kollegen NEPTUN. Darf ich um euer Gehör bitten!

NEPTUN erhebt sich nahezu fließend und vermittelt das Gefühl einer Welle, die sich sanft an das Ufer anschmiegt.

NEPTUN *(leise aber betont)*: Meine Lieben, auch wenn es uns durch unsere Unsterblichkeit nicht immer so erscheint, so wissen wir doch ganz genau: Alles ist im Fluss, von Ewigkeit zu Ewigkeit, es gibt ein Kommen und Gehen, ein Entstehen und Vergehen, es gibt Tag und Nacht, Ebbe und Flut. Das ist der Gang der Welt, und alles ist mit allem immer so verbunden, dass wir dahinter eine universelle Harmonie erkennen, mit all ihren Licht- und Schattenseiten.

Den technischen Fluss der Menschheit aufzuhalten ist ebenso unmöglich wie den der Natur. Stattdessen sollten wir unser Bemühen darauf legen, dass dieser Fluss nicht zu Überschwemmungen oder anderen Katastrophen führt. Helfen wir lieber, ein gesundes Fundament zu bauen, als über drohende Gefahren zu spekulieren, die wir jetzt noch eindämmen können.

Diese Erde hat schon viel erlebt und auch überlebt. Wenn unser Projekt „Menschheit" scheitert, dann können wir diese Epoche genauso abhaken und loslassen wie so viele andere zuvor. Helfen wir den Menschen, geben wir ihnen die Chance, den Fluss ihres Lebens in die richtigen Bahnen zu lenken. Wenn ihnen und uns das nicht gelingt, dann ertrinken sie jämmerlich im Technik-Tsunami!

JUPITER schlägt den Gong und zeigt mit ausholender Geste die Pause an. Die Götter räkeln und erheben sich, vertreten sich die Beine und finden sich in kleinen Gruppen zusammen. Der ERZÄHLGEIST zückt sein Mikrofon und nimmt sich PLUTO, MERKUR und NEPTUN vor.

ERZÄHLGEIST: Das Schlusswort von NEPTUN war ja sehr pathetisch, fast schon etwas weinerlich. Wie kommt ihr voran?

NEPTUN schaut beleidigt zur Seite.

PLUTO: In der Sache steckt durchaus auch eine Chance! Die Menschen können über sich hinauswachsen. Dann ist diese neue Technik ein Evolutions-Beschleuniger. Schau es dir doch an: Selbst die Dümmsten „da unten" sind mit Smartphones unterwegs, vernetzen sich in sozialen Medien und kooperieren *(redet sich in Rage).* Die brauchen nur noch ein paar Portionen Zeit, und dann geht es mit ihnen hoffentlich wie durch einen Durchlauferhitzer nach oben: Eine neue „Awareness"! Neue gesellschaftliche Modelle! Tiefgreifende Fortentwicklungen! Die schaffen das!

ERZÄHLGEIST *(zieht das Mikro weg und hält es MERKUR unter das göttliche Näschen):* Was sagt die JUNGFRAU dazu?

MERKUR *(etwas nüchterner):* Ich denke auch, dass die Menschen lernen können, die neue Technik mit Weitsicht umzusetzen, ich habe ein gutes Bauchgefühl. Wahrscheinlich müssen wir sie gut beobachten und ihnen ein paar Regeln an die Hand geben, damit das Ganze ordentlich läuft.

ERZÄHLGEIST: Naja, manche Menschen scheinen sich von ihren Displays hypnotisieren zu lassen, einzuschlummern und wohlig in die Tatenlosigkeit weg zu dämmern. Klingt für mich nach Gefahr im Verzug. Die selbstverschuldete Unmündigkeit klopft wieder an.

NEPTUN: Wir müssen sie retten! Sie dürfen nicht in der Virtualität zerfließen und sich den Illusionen hingeben. Sie müssen zu sich selbst finden, zu Kreativität und Hingabe. Diese Technik kann sie meinetwegen dabei unterstützen, kann ein Mittel zu genau diesem Zweck sein – aber nicht der Selbst-Zweck.

SATURN *(hat die Szenerie die ganze Zeit beobachtet, tritt nun hinzu und nimmt den Erzählgeist beiseite):* Das sind alles Ergüsse von Weltverbesserern hier im Kollegium. Ideologen, Psychologen, Soziologen, Sozialisten – die sondern viel Prosa ab und reden sich die Welt schön. Was da unten läuft, braucht eine Korrektur. Die Menschen konzentrieren sich auf das Unwesentliche und verlieren sich in Kommunikationskarnickelei, ohne zu merken, dass sie für ihren Borniertheitszuwachs auch noch mit Informationen bezahlen. Sie geben alles von sich preis und können nichts mehr für sich behalten. Diese digitale Inkontinenz bemerken sie noch nicht mal mehr. Und die Kollegin da drüben *(zeigt auf VENUS)* ist genau von dieser Sorte.

ERZÄHLGEIST: Das heißt?

SATURN: Es wird tatsächlich Zeit für eine große Rettungsaktion, sonst geht die Menschheit hopps, da stimme ich dem Kollegen Neptun sogar zu. Aber nicht mit sozialpädagogischer oder softesoterischer Belullung. *(Schreit):* Tabula Rasa! Das steht an! Wir nehmen den Menschen die Smartphones und den ganzen digitalen Schund wieder ab!

NEPTUN: Ist das dein Ernst?

SATURN *(sichtlich erregt):* Und ob! Ein großes Donnerwerk steht an, mit einem ordentlichen elektromagnetischen Puls *(er zeigt es mit ausholenden Gesten an).* Eine EMP-Bombe, und das war's, Game Over! Dann sollen sie sich berappeln, den digitalen Schrott beiseite fegen, Ordnung im Chaos schaffen, und es beim nächsten Mal besser machen!

JUPITER schlägt wieder den Gong. Die Götter gehen zu Ihren Plätzen zurück, der ERZÄHLGEIST bleibt zunächst noch einen Moment erstaunt über den Ausbruch SATURNS stehen, fängt sich dann wieder und holt schnell die Abstimmungsurne nach vorne.

JUPITER: Meinen Damen, meine Herren, die Statements sind vorgetragen. Wir stimmen nun ab, in alter demokratischer Tradition. Jeder ist für seine individuelle Meinungsbildung verantwortlich. Die Frage zur Abstimmung lautet: Handelt es sich bei der neuen Technik um einen Fortschritt oder um einen Rückschritt? Ich bitte um Eure Stimme.

Alle Götter außer URANUS schreiben ihr Votum auf ein Zettelchen und falten dieses zusammen.

URANUS *(zu SATURN):* Warum kann man denn nicht online voten?

Auf die Frage erntet er einen strengen Blick und notiert schließlich achselzuckend ebenfalls sein Votum.

Anschließend treten die Götter vor und werfen nacheinander, in jeweils archetypischer Gestik und Mimik, ihr Zettelchen in die Urne. Danach bleiben sie vorne in bekannter Reihenfolge stehen. Jupiter in der Mitte, vor sich die Urne, winkt den ERZÄHLGEIST herbei, der gewissenhaft die Zettel auf die Stapel JA und NEIN verteilt und JUPITER dann das Ergebnis zumurmelt.

JUPITER: Kolleginnen, Kollegen: Wir haben ein Ergebnis: Fünf Mal JA, fünf Mal NEIN. *(Macht eine Pause.)* Was machen wir nun mit diesem Resultat?

MERKUR: Ich finde, wir sollten uns die Sache vor Ort ansehen!

JUPITER: Du hast recht! Wir haben abgestimmt, und nun entsende ich eine Delegation. VENUS, SONNE, PLUTO und

URANUS, ich beauftrage euch hiermit, zur Erde herunter zu fahren und herauszufinden, was los ist. Bitte beobachtet genau, geht den Dingen auf den Grund, aber greift noch nicht ein! Ich erwarte einen genauen Bericht – Ostern sehen wir uns wieder!

Die vier Delegierten salutieren, steigen in den Paternoster und beginnen, zur Erde abzufahren.

MOND *(ruft der Delegation hinterher):* Denkt daran! Die brauchen Hilfe!

Die Beleuchtung dunkelt sich ab. Der ERZÄHLGEIST tritt nach vorn.

ERZÄHLGEIST: Der Mond hat schon recht! Die Neuerungen sind sensationell, aber die Menschen brauchen Orientierung. Sie sind unterwegs wie hilflose Schiffe auf dem Ozean. Ein kleines Licht würde vielleicht schon ausreichen, um den Weg in einen sicheren Hafen zu finden! Ihr müsst dem Ganzen Sinn geben!

Licht aus.

~ *Ende Akt 3 (Treffen am Neujahrstag)* ~

Akt 4: Ostern

Szenario im Olymp:

Es ist noch früh am Morgen, einige schlafen noch, andere wiederum sitzen schon gemütlich an verschiedenen Stellen des Olymps verteilt. Wir erkennen in einer Ecke SATURN, vertieft in ein Buch, es ist „Ethik von Spinoza", auch MARS ist schon mit seinem Smartphone aktiv. Irgendwie klappt dies auch heute nicht richtig mit dem Empfang. Aber heute scheint ihn dies nicht sonderlich zu beunruhigen.

Kurz: Es herrscht himmlische Ruhe, keiner spricht, bis der MOND fast leise sagt.

MOND: Ich spüre, dass unsere Delegation von der Erde zurückkommt!

Und so ist es auch tatsächlich, die vier Auserwählten kommen zurück. Als das Signal des Paternosters ertönt, stehen wie aus heiterem Himmel urplötzlich alle „Zurückgebliebenen" im Halbkreis Spalier um die sich öffnenden Türen. JUPITER begrüßt sogleich alle per Handschlag, MERKUR plappert einfach drauf los.

MERKUR: Ihr seht so mitgenommen aus, seid ihr per Anhalter gefahren?

Ja, es stimmt, irgendwie sehen die vier erschöpft aus, so, als hätten sie viel gesehen und erlebt.

JUPITER *(spricht in liebevollen Worten):* Wir allen brennen natürlich darauf, euren Eindrücken zu lauschen, die wir so sehnsüchtig erwarten. Und doch wollen wir euch die Zeit geben, in Ruhe „hier oben" anzukommen, euch zu stärken und frisch zu machen! Ich schlage vor, dass wir uns alle zum gemeinsamen Osteressen wiedersehen. Heute steht Lamm auf der göttlichen Speisekarte!

URANUS: Die Zeit drängt, wir haben uns im Paternoster

abgesprochen, dass wir sofort loslegen wollen, noch vor dem Essen!

SONNE: Ich hoffe, dass euch das Lamm noch schmeckt nach unseren Schilderungen!

VENUS: Die haben „da unten" nicht mehr alle Latten am Zaun. Rennen rum wie die Lemminge, jagen sich auf der Autobahn gegenseitig. Alles immer mehr, immer besser, die Wirtschaft soll immer wachsen. Die ersten Systeme brechen bereits in sich zusammen.

Die Delegation und die übrigen Götter sind nun wieder im Kreis versammelt, alle an ihrem Platz, die Spannung steigt und wie zur Erlösung schlägt JUPITER seine göttliche Klangschale mit den Worten an.

JUPITER: Dieser Tag wird die Weichen stellen: ist die Menschheit noch zu retten oder sollten wir dieses Projekt abhaken?

PLUTO *(erhebt sich):* Ich will es gleich zu Beginn auf den Punkt bringen: „Da unten" herrschen nach wie vor die sieben Todsünden von Hochmut, Habgier, Genusssucht, Hass, Maßlosigkeit, Missgunst und Ignoranz! Gut, die tragen heute andere Etiketten, aber der Inhalt ist derselbe wie im dunklen Mittelalter. Mein Eindruck: Bei diesen Menschen ist das Normale das Kranke und umgekehrt das Kranke das Normale.

Dafür einige Beispiele, damit ihr besser versteht, was ich meine:

Geld heißt ihr Gott und der regiert diese Welt! Dem Profit opfern sie ihre Luft zum Atmen, ihre Umwelt, Lebewesen oder Lebensmittel, koste es, was es wolle, und sei es die eigene körperliche und seelische Gesundheit.

Sie schicken ihre Kinder früh an Schulen, um Wissen in sie

reinzustopfen, das ihnen und dieser Welt nichts hilft. Im Gegenteil, sie tragen massiv zur allgemeinen Verblödung bei!

Sogenannte Ärzte und Pharmariesen zerstören eher die Gesundheit, statt die natürlichen Selbstheilungskräfte anzuregen. Hauptsache, die Kohle stimmt! Anwälte zerstören das Gesetz, Universitäten das Wissen und die Medien die Wahrheit.

Die arbeiten fast rund um die Uhr und freuen sich auf die Rente, in welcher sie in Altersarmut bestenfalls den Rollator rocken.

Die sehen Gefühle, Güte, Nachsicht als menschliche Schwäche und Egoismus, blinden Aktionismus und Herzlosigkeit als Stärke an, das ist hochgradig krank!

Den Bezug zu den Göttern haben sie vollkommen verloren, ja, ich möchte eher behaupten: Zu viele Menschen, die das Sagen haben, sind gottlos geworden.

Bei PLUTOS letzten Worten springt VENUS auf, sie ist sehr erregt! Jeder merkt: Sie muss ihre Beobachtungen loswerden, um nicht daran zu ersticken, sie spricht ebenso klar wie durchdringend.

VENUS: Uns Götter zu vergessen, wäre ja schon schlimm genug! Aber schlimmer noch, sie verhöhnen uns!

Haltet euch gut fest, jetzt wird es ziemlich unheimlich:

MARS muss seinen Namen hergeben für einen klebrigen Schokoriegel, der Energie sofort zurückbringen soll!

Mein Name VENUS prangt in grellen Neonbuchstaben als Lockmittel über Nachtbars, Bordellen, Erotikshops oder als Namensgeber für Rasierer zur Entfernung von Schamhaaren!

MERKUR ist beliebt als Zeitungsname oder für merkantile Tempel, in denen sie ihrem Konsumgott huldigen. In deiner griechischen Bezeichnung HERMES bist du für das Verteilen der Pakete zuständig, die sie sich, online bestellt, nach Hause schicken lassen.

Und du, MOND, das ist wirklich traurig: Deinen Namen verwenden Sie für den Montag, den Beginn der meist armseligen Arbeitswoche. Es ist der Wochentag mit den meisten Herzinfarkten, wohl, weil an vielen dann ihr Elend erneut lebensbedrohlich nagt. Und der Sonn-Tag ist weit!

Die SONNE kommt bei den Menschen verhältnismäßig gut weg, denn wo es hell ist, da muss man sich nicht mit dem Schatten herumärgern, erst recht nicht mit dem eigenen. In der dunklen Jahreszeit flüchten sie lieber in die Sonne.

Oh je PLUTO, da haben sie deinen Planeten zu einem Zwergplaneten degradiert und zum Haushund von Mickey Maus gemacht, schlimmer geht nimmer, oder?

Und statt der konfessionslosen Religio von JUPITER, der Rückbindung zum Urgrund der Schöpfung, erfinden sie Religionen und Abspaltungen von Religionen, die sich über andere erheben, die sie verfolgen oder töten.

„Geiz ist geil", das ist der Kampfslogan einer Kette für Unterhaltungselektronik namens SATURN. Geiz passt ja, aber geil?

Sicher, „da unten" gibt es auch kluge Köpfe und erfinderische Daniel Düsentriebs wie unseren URANUS. Die lassen sich ihre Erfindungen patentieren, um die Welt besser zu machen, andere hindern sie aber nachhaltig daran, diese Erfindungen zum Wohle aller zu verbreiten.

Und NEPTUN, loslassen können die Menschen überhaupt nicht, die setzen sich ein Ziel nach dem anderen, kommen aber niemals an, nirgendwo. Wie Magneten halten sie an ihrer krankhaften Entwicklung fest. Und ihre scheinheiligen

Religionen zerstören die Spiritualität.

Diese Menschen sind gottlos geworden, ihr Leben ist ohne Sinn, also sinn-los. Ich stimme PLUTO voll und ganz zu, wenn er sagt: Bei diesen Menschen ist das Normale das Kranke und umgekehrt das Kranke das Normale.

Ich bezweifle, dass dieses ganze Technikgedöns ihnen hilft, sich selbst im Innen zu finden, anstatt sich im Außen zu verlaufen. Denen fehlt etwas Lebenswichtiges, denen fehlt Liebe, allem voran die Selbstachtung und Selbstliebe. Denn erst wer die besitzt, kann auch mit seinen Mitmenschen und der gesamten Schöpfung liebevoll umgehen. Und wahre Liebe kann keine Maschine vermitteln, ihr fehlt die Seele.

Noch was: Die meisten von denen sind echt krank im Kopf, aber es gibt auch ganz viele, die es nicht sind. Allen gilt mein Mitgefühl, die haben unsere Hilfe nicht nur nötig, sondern sehr nötig.

VENUS nimmt wieder graziös im Kreise der Götter Platz, die SONNE erhebt sich majestätisch trotz nicht zu verheimlichender Müdigkeit.

SONNE: Meine Lieben, ich habe das Gefühl, dass die Menschen schlichtweg überfordert sind von der Schnelligkeit der industriellen wie auch technischen Entwicklung.

Das erste Auto fuhr 1885, heute sind es weltweit über 1,3 Milliarden. Etwa um dieselbe Zeit wurde das Telefon erfunden, heute gibt es über 1 Milliarde Festnetz- und 2,6 Milliarden Mobiltelefone. Soll heißen: „Da unten" herrscht ein gewaltiger Technik-Tsunami, wie ihn diese Welt in keiner Generation zuvor erlebt hat. Kein Wunder also, dass die Menschen mehr oder weniger verwirrt sind.

Die Erfindung des Computers hat durchaus auf der Erde auch

positive Seiten in der täglichen Arbeit und Produktivität gebracht. Und: Die sind echt schon auf den Mond und zu anderen Planeten geflogen, welch gigantische Leistung!

Oder nehmt mal den technischen Fortschritt im Alltag, im Haushalt, von der Waschmaschine über den Staubsauger zum Herd. Das sind alles Erfindungen, die das Leben der Menschen leichter machen.

Es ist doch so: Wenn wir hungrig auf etwas sind, dann wollen wir uns das auch einverleiben. Wer schon mal Schlagsahne genascht hat, der weiß, was ich meine. Vernasche ich die ganze Schüssel, dann wird mir speiübel.

Ich habe die Befürchtung, dass ein Teil der Menschheit so gerne mal naschen würde, während ein anderer schon an massivem Brechreiz leidet.

Und hier sollten wir konstruktiv ansetzen. Es geht um das rechte, vernünftige Maß, kein Zuviel, kein Zuwenig, sondern stimmig für alle, die naschen wollen oder schon satt sind. Mein Licht scheint schließlich auch auf den Hungrigen genauso wie auch auf den Satten, ohne Wertung, ohne Groll, einfach als Angebot auf ein gelingendes Leben.

Die brauchen schlichtweg Nachhilfe im Umgang mit den technischen Möglichkeiten wie auch mit den Herausforderungen, mit Chancen und Risiken. Sie sind an einem entscheidenden und gefährlichen Scheideweg.

Das ist doch wie beim Autofahren. Das muss ich lernen, sonst baue ich Unfälle und bin eine Gefahr für andere.

Lasst uns nicht nur die dunkle Seite betrachten, die es zweifellos gibt. Wo das Licht des bewussten Seins hinfällt, verschwindet diese Dunkelheit. Das sollte unser gemeinsames Ziel sein!

Die SONNE versinkt erschöpft aber happy über ihre Wortwahl in ihrem Sitz, URANUS schnellt wie ein Blitz nach oben und beginnt ohne Zögern zu sprechen.

URANUS: Danke für deine leuchtenden Worte, liebe SONNE. Ich stimme dir zu, die brauchen Hilfe. Die Technik kann wirklich ein Segen sein oder aber auch ein Fluch, wenn der Mensch sich, seine Mitte und seine Individualität verliert.

Nicht, dass die nicht fleißig und ehrgeizig wären, das sind sie schon. Aber ich musste leider feststellen: Es fehlt an Sinn und Ethik, an einem ehrlichen Miteinander statt egoistischem Gegeneinander, die wissen seit dem klassischen Griechentum, was Demokratie ist, verhalten sich aber immer noch wie Barbaren.

In vielen Teilen herrschen „Hauen und Stechen", blinder Hass und Neid, oder auch dumpfe Apathie: Statt Freiheit, Gleichheit, Brüderlichkeit herrschen hier Freizeit, Gleichgültigkeit und Beliebigkeit. Dabei werden alle Menschen als Originale geboren und sterben im schlimmsten Falle als austauschbare Kopien, als willenlose Marionetten von irgendwelchen Drahtziehern.

Blickt ein Außenstehender wie ich auf das gesamte Geschehen, herrscht Chaos. Sie wollen Probleme lösen mit den Mitteln, mit denen sie entstanden sind. Wie soll das gehen?

Aber, meine lieben Freunde, aus Chaos entsteht eine neue Ordnung. Das war schon immer so und wird immer so bleiben. Zudem befindet sich die Erde für die nächsten 2.000 Jahre im Wassermann-Zeitalter, in dem Tierkreiszeichen also, für welches ich als URANUS, als Schutzpatron stehe.

Kein Wunder also, dass es da skurril, chaotisch, sprunghaft, innovativ, unvorhersehbar und spontan zugeht. Das können wir den Menschen beileibe nicht zum Vorwurf machen. Das ist schlicht und ergreifend der Zeitgeist.

Dennoch meine ich, dass eine bewusste Lenkung unabdingbar ist. Sonst zerstören ein paar Verrückte unser Lebenswerk Erde, das nun über vier Milliarden Jahre auf dem Buckel hat. Lasst uns die Ärmel hochkrempeln und tatkräftig unser Bestes geben zur Rettung von Mensch und Erde, lasst uns eine sinnvolle und hilfreiche Symbiose von natürlichem Leben und künstlicher Intelligenz anstreben, zum Wohle aller.

So schnell wie URANUS aufgestanden ist, so schnell nimmt er auch wieder Platz im Kreise der Götter.

MERKUR erhebt sich, stemmt die Arme in die Hüften, fängt an umher zu wandern und sinniert.

MERKUR: Es liegt doch klar auf der Hand: Die Menschen haben alle Möglichkeiten. Sie müssen aber die Spreu vom Weizen trennen. Was sie brauchen, ist ein Sortierungsschritt.

PLUTO *(folgt ihm mit Blicken und murmelt vor sich hin):* Das stimmt! Die Menschen stehen am Scheideweg. Entweder sie gehen unter, oder sie wandeln das Negative ins Positive um. Sie erkennen, dass die Raupe sterben muss, damit der Schmetterling fliegen kann. *(Blickt in die Runde.)* Die Chance haben sie!

MARS *(mit ausladender Geste):* Aber sie bekommen es nicht auf die Reihe, PLUTO! Das ist doch das Dilemma! Es fehlt ihnen der Pioniergeist! Viele Menschen sind satt, vollkommen überfüttert mit digitalem Müll, sie werden kraftlos, antriebslos und außerdem noch langweilig! Willenlose Konsumenten, das sind sie! – Wenn ihr mich fragt, brauchen sie einen ordentlichen Tritt ins analoge Hinterteil, so dass sie aufschrecken und endlich wieder wach werden!

JUPITER schlägt erschrocken und mehrfach seinen göttlichen Gong und erhebt sich. VENUS huscht wieder auf ihren Platz zurück.

JUPITER: Meine göttlichen Freunde... – *(Venus schlägt sich mit der flachen Hand aufs Bein und schaut ihn empört an.)* Oh... Meine göttlichen Freundinnen, meine göttlichen Freunde, danke für Eure Statements. Die Menschen befinden sich offenkundig in größten Schwierigkeiten. Die Situation ist brenzlig – und diesmal rund um den ganzen Erdball. Was sollen wir tun? Wir müssen eine Entscheidung treffen, die richtungsweisend für die Entwicklung der gesamten Menschheit sein wird. *(Macht eine bedeutungsschwere Pause.)* Deshalb bitte ich Euch um offene Abstimmung per Handzeichen: Sollen wir den Menschen helfen, oder sollen wir sie ihrem Schicksal überlassen? Wer aus dieser göttlichen Runde ist dafür, einzuschreiten und den Menschen zu helfen?

Die Hände von URANUS, MARS und MERKUR zeigen zur Abstimmung in die Höhe. Die anderen Götter sind zögerlich.

Dann geht plötzlich mitten in der Abstimmung die Beleuchtung aus, ein grelles Licht von oben erscheint in der Dunkelheit und die dunkle, laute Stimme des SCHÖPFERGEISTES erfüllt rufend den Raum: „Helfen!"

Es wird wieder dunkel, man hört den SCHÖPFERGEIST noch murmeln: „Leute, das müsstet Ihr doch alleine hinkriegen", dann geht das Bühnenlicht wieder an. Nun strecken schnell alle anderen Götter die Hände, bis auf VENUS (Waage) und SATURN.

JUPITER: Acht. Wer ist dagegen?

SATURN streckt.

JUPITER: Eins. Wer enthält sich?

VENUS streckt.

JUPITER: Eins.

Die Götter halten den Atem an und sitzen still und schweigend auf ihren Plätzen. JUPITER schließt die Augen und atmet hörbar ein und aus. Dann hebt er an.

JUPITER: Verehrte Götter unserer Runde, wir haben uns einen Auftrag gegeben. Ich bitte Euch nun, Vorschläge auszuarbeiten, welche Maßnahmen wir ergreifen sollten.

Die Götter fangen sofort an, in kleinen Grüppchen Maßnahmen abzustimmen. Das Bühnenlicht wird dunkler, der ERZÄHLGEIST tritt hervor. Spot auf den ERZÄHLGEIST.

ERZÄHLGEIST: Schaut sie euch an – die Götter, sie haben wieder eine Aufgabe. Gestern noch Rentnerclub, heute wieder aktiv im Dienst. Recht so, recht so. *(Wendet sich direkt ans Publikum.)* Natürlich ist viel in Unruhe auf Erden. Wenn wir uns nur den aktuellen Zeitabschnitt anschauen, wirkt es total chaotisch. Aber glauben Sie wirklich, dass früher alles besser war? Da gab es noch keine Waschmaschine und kein 3-lagiges Klopapier. Die Kinder haben Alpha-Alpha gesagt, wenn Sie A-A mussten. Nun gut, die Götter haben den Menschen mit ihren Rettungsaktionen schon einige Male im allerletzten Moment die Existenz gerettet. Der Not-Einsatz damals im kalten Krieg kam wirklich auf den allerletzten Drücker. Sonst wäre erst mal Schluss gewesen für die nächsten paarhunderttausend Jahre. – Oh, ich glaube, es tut sich was.

Das Bühnenlicht geht wieder an. JUPITER erhebt sich, die Götter nehmen ihre Plätze ein, der ERZÄHLGEIST tritt an die Seite.

JUPITER: Eure Beiträge zu eurem Vorgehen bitte! VENUS möge beginnen!

VENUS: Ich werde mir den Herrscher der sozialen Medien schnappen, ihn zuckersüß verführen und ihn dann „umdrehen". Weg von der digitalen Aushorcherei und der Kapitalisierung von

Persönlichkeitsprofilen hin zu Vertrauen im Netz und liebevoll aufgeladenen Geschäftsmodellen!

URANUS: Ich werde mich auf die Transformer konzentrieren! Die Höchstleister der technischen Entwicklungen, Elektro, Neuro, Bio – diesen Jungs werde ich ein Ethik-Pauschalpaket angedeihen lassen! Das Wassermann-Zeitalter braucht den richtigen Dreh – und die Menschheit wird aufblühen!

SONNE *(erhebt sich):* Ich werde die Menschen mit Licht und Herzenswärme durchfluten. Vor allem die Nachrückenden, die Kinder, die jungen Eltern, die Kindergärtnerinnen und die Lehrer*Innen. Aber auch die verlorenen Seelen werde ich bescheinen!

SATURN *(setzt den Reigen fort):* Und ich kümmere mich um die Senioren! Gebe ihnen den Mut zurück, sich ihres eigenen Verstandes zu bedienen und sich in Weisheit ins Weltgeschehen einzubringen! Und den Geschäftsleuten bringe ich die Züge des ehrbaren Kaufmanns wieder bei.

MERKUR *(Jungfrau):* Und ich kümmere mich um das Thema Medizin und Heilung! Die Menschen sollen wieder in der Lage sein, sich selbst zu heilen! Zurück zum Leben in und mit der Natur!

URANUS *(platzt heraus):* Ich werde zudem die Überwachungsstaaten abbauen und die Big Brothers trocken legen! Informationelle Selbstbestimmung statt Vorratsdatenspeicherung!

MOND *(lässt eine künstlerische Pause entstehen):* Und ich, meine Freunde, werde mir die Politiker vornehmen – und sie solange umarmen und lieben, bis sie selbst voller Güte sind.

URANUS *(zum MOND):* Ich dachte, wir tragen hier realistische Vorschläge zusammen...

MOND *(leicht entrückt):* Tun wir, mein Lieber, tun wir. Keine Fake News mehr, keine vorsätzlichen Betrügereien, nur noch wahre, gesegnete Politik – von lieben Menschen, für liebe Menschen.

URANUS: Alles klaro!

MARS *(wendet sich direkt an den MOND, der erschrocken zurück weicht):* Also ich haue den Despoten und Kriegstreibern allesamt erst mal eine rein und ziehe ihnen und ihrem ganzen Gefolge dann solange das Fell über die Ohren, bis sie bedingungslos kapitulieren und sich freiwillig in deine Arme flüchten, MOND!

NEPTUN *(meldet sich zu Wort):* Ich werde die Menschen wieder in den Fluss bringen, ihre Blockaden lösen und sie ihre Seelen wieder spüren lassen.

PLUTO *(ist abschließend an der Reihe):* Als Gott der Unterwelt werde ich tief ins DarkNet absteigen und die ganze Sache von unten aufräumen. Alles Brauchbare wird transformiert, die restliche digitale Scheiße wird rausgespült.

JUPITER *(kratzt sich leicht irritiert und auch durchaus zweifelnd am Kopf):* Tja Leute... also erst mal vielen Dank für Eure Vorschläge... Sie sind ja durchaus sehr ... kreativ.

Nun gut, ich selbst nehme mir die Religionen vor, vor allem diese Transhumanisten mit ihren Versuchen, ihr Wesen mit Maschinen zu verbinden oder, schlimmer noch, ihr Hirn in eine virtuelle Cloud hochzuladen. Dann wären sie ja so unkaputtbar wie wir Götter und würden aus dem Samsara-Rad der menschlichen Reinkarnation aussteigen. Das können wir nicht zulassen – dann gibt es ja nur noch Unsterbliche! *(Klatscht abschließend wieder mehrfach in die Hände.)* Freunde, die Aufgaben sind verteilt. Jeder handelt eigenverantwortlich und mit klarem Blick auf unser gemeinsames Ziel: Wir retten die Menschheit!

Allgemeiner Jubel.

JUPITER: Sechs Wochen habt Ihr Zeit! Pfingsten sehen wir uns wieder! An die Arbeit!

Die Götter zählen „3 – 2 – 1 – Go!" und stürmen zum Paternoster.

Der ERZÄHLGEIST tritt wieder auf die Bühne, schaut den im Paternoster verschwindenden Göttern hinterher und wendet sich dann dem Publikum zu.

ERZÄHLGEIST: Ein aktiver Eingriff ins Weltgeschehen! Sehr erfrischend! Sehr erfrischend! Wünschen wir ihnen Gottes Segen!

SCHÖPFERGEIST *(meldet sich zu Wort, mit hellem Licht von oben):* So haben wir Ostern zwar noch nie gefeiert, aber Gottes Segen habt ihr! Es ist schon manchmal ein Kreuz mit diesen Menschen! Und doch sind sie Teil meiner Schöpfung, und schon deshalb verdienen sie meinen Segen, in guten wie in schlechten Zeiten.

Der ERZÄHLGEIST nickt zufrieden und geht leicht summend ab.

~ *Ende Akt 4 (Ostern)* ~

Akt 5: Pfingsten

Szenario im Olymp:

Der Paternoster kommt an. Es ist Pfingstsonntag. Die Götter steigen sichtbar deprimiert und niedergeschlagen aus, sie scheinen aller Illusionen beraubt. Kraftlos lassen sie sich auf ihre Plätze fallen, keiner sagt ein Sterbenswort. SATURN verbirgt sein Gesicht in den Händen. Der MOND fängt an zu weinen. MARS erhebt sich kurz, tritt die Wahlurne um, setzt sich wieder. Selbst JUPITER scheint keine Motivation mehr zu haben, eine Diskussion anzufangen.

ERZÄHLGEIST: Ihr seht ja aus wie Soldaten, die aus einer Schlacht zurückkehren und erst mal ihre Wunden lecken. (Er geht direkt zu den Göttern und spricht sie an.) Probleme beseitigt?

Die Götter schweigen, bis JUPITER sich rührt.

JUPITER: Wir haben es total versemmelt da unten. Wir sind mit guten Absichten gekommen, doch es ist noch viel schlimmer geworden. Diese Menschen rennen wie Lemminge auf den Abgrund zu. Was mich am meisten frustriert ist die Tatsache, dass selbst wir als Götter so hilflos sind!

MOND: Die benehmen sich animalischer als die schlimmsten Tiere!

ERZÄHLGEIST: Was war denn los? Geht es ein bisschen genauer?

MERKUR: Ich war voller Optimismus. Aber um etwas zu ändern, braucht es Bewusstsein. Und das hat etwas damit zu tun, seinen IQ bewusst einzusetzen. Der scheint sich aber bei den meisten Menschen allmählich auf Zimmertemperatur zu bewegen. Die verblöden da unten und merken es noch nicht einmal!

MARS: Aus dieser Bewusst-Losigkeit gehen sie aufeinander los wie die Berserker. Egoismus pur, ohne Rücksicht auf Verluste an Mensch und Material!

URANUS: Genau! Die ganzen Innovationen haben nur ein Ziel: Profit, Gewinnmaximierung und noch mehr Profit!

JUNGFRAU-MERKUR: In der Medizin gibt es zwar aufsehenerregende technische Fortschritte, die aber letztlich nicht der Erschaffung von Gesundheit dienen, sondern die Krankheiten verwalten, um die Menschen noch besser finanziell schröpfen zu können. Die haben kein Gesundheitssystem, sondern ein Krankheitssystem!

WAAGE-VENUS: Menschliche Beziehungen sind zu lieblosen und leblosen Handelsplattformen verkommen.

SONNE: Die haben die Liebe verloren! Wer die Liebe verliert, lebt im Dunklen.

SATURN: Diese Menschheit hängt am Tropf. Ich bin dafür, die lebensverlängernden Maßnahmen endgültig abzuschalten. Ohne Patientenverfügung!

NEPTUN: Bei diesen Menschen ist nichts mehr im Fluss. Das übernehmen stattdessen die Naturkatastrophen – Hochwasser allerorts, der Meeresspiegel steigt langsam, aber sicher, fatale Unwetter häufen sich deutlich!

PLUTO: Eigentlich stehe ich ja für das Stirb und Werde – allein mir fehlt der Glaube. Die Raupe, die sich zum Schmetterling entwickeln soll, wird immer mehr zum gefräßigen Monster. Sie frisst sich voll mit Fast Food, bis sie platzt – da ist nichts mehr mit Fliegen!

ERZÄHLGEIST: Aber ihr hattet doch grandiose Pläne! Was ist aus denen geworden? VENUS, Du wolltest doch den Social-Media-Meister verführen und umdrehen. Hin zur Liebe in den digitalen Geschäftsmodellen. Und?

VENUS: Das ging völlig nach hinten los. ICH sollte mich für ihn rumdrehen, und zwar analog – das hat er mir genau so gesagt, der Machoschnösel.

URANUS: Die Transformation der Techniker und Ingenieure ist auch ins Gegenteil gelaufen. Anstelle von sozialorientierter Technikgestaltung versuchen sie mit immer kleiner werdenden Technologien und immer größer werdenden Budgets, die Menschen Zug um Zug zu Cyborgs umzubauen – und die Leute wollen das auch noch, nur um Vorteile im Wettbewerb zu haben.

SONNE: Ich habe geschienen und geschienen, und die Menschen haben sich lediglich geräkelt und geräkelt. Das hat ihnen schon gefallen – aber bewirkt hat es nichts!

SATURN: Ich habe versucht, die Senioren zu aktivieren. Habe Angebote geschaffen, ihre Lebenserfahrung einzubringen, sogar mit den Smartphones! Statt digital zu partizipieren spielen sie Sudoku im Netz, sehen sich im Altersheim über WLAN Softpornos unter der Bettdecke an und bewerten die Darsteller mit Sternchen.

ERZÄHLGEIST: Und die Geschäftsleute?

SATURN: Die sehen immer weniger das große Ganze und ihre Rolle darin, sondern digitalisieren sogar Prozessschritte, um die man sich bislang gar nicht kümmern musste. Hauptsache, sie machen Kohle! Geld regiert deren Welt und nicht etwa Vernunft, Ethik oder gar Moral.

JUNGFRAU-MERKUR: In der Medizin bin ich komplett gescheitert. Kaum dass ich anfing, weitere Möglichkeiten der Selbstheilung unter die Menschen zu bringen, ergossen sich Fake-News-Kampagnen allererster Güte über die Themen.

URANUS: Mein hehres Ziel war es, die Überwachungsstaaten abzubauen. Aber die wussten schon längst, was ich vorhatte!

Keine Ahnung, wie die das gemacht haben, aber ich wurde immer wieder ausgetrickst!

ERZÄHLGEIST: Und du, MOND?

Der MOND weint nur still vor sich hin und schüttelt den Kopf.

MARS *(sehr grimmig)*: Also ich dachte eigentlich, ich hätte es geschafft. Ich habe einem Dutzend Despoten und Kriegstreibern den Kopf gewaschen, bin ihnen sogar im Traum erschienen und habe anschließend ihre Kriegstechnik durcheinandergebracht, ein paar U-Boote auftauchen lassen und ganze Waffenarsenale pulverisiert. Danach sind sie erst recht aufeinander losgegangen und haben sich gegenseitig beschuldigt, ihre Gehirne mit Bewusstseinstechnologien angegriffen zu haben. Jetzt ist die Lage noch viel brisanter als zuvor!

NEPTUN: Mein Ergebnis ist ebenfalls ein großes Scheitern. Ich wollte die Menschen in den Fluss mit sich selbst bringen. Jetzt lassen sie sich in der digitalen Strömung treiben und verlieren sich selbst.

PLUTO: Ich bin ins DarkNet abgestiegen, und wäre fast dort hängen geblieben, so groß ist die Verführung. Angebot und Service sind dort besser als bei uns hier oben im Olymp. Ich hatte große Mühe, mich hinaus zu lösen, den Aufstieg wieder zu bewältigen.

ERZÄHLGEIST *(legt sich die Hand auf die Stirn)*: „Ach – du – Scheiße!"

Eine Zeitlang sagt keiner etwas.

JUPITER: Ich glaube, wir sind mit unserer Macht und Kraft am Ende. Da kann eigentlich nur noch der SCHÖPFERGEIST helfen!

SONNE: Der ist sicher schon mit ganz anderen Projekten woanders beschäftigt!

JUPITER: Ja, das glaube ich auch! Ich schäme mich auch fast, ihn anzurufen, weil es doch ein Zeichen unseres Versagens ist. Aber das müssen wir uns wohl eingestehen: WIR HABEN VERSAGT!

ERZÄHLGEIST: Ich spüre ganz deutlich: Es herrscht nicht nur Chaos auf Erden, sondern auch Chaos im Olymp.

JUPITER: Wie im Himmel, so auf Erden. Oder andersrum: Wie auf Erden, so im Himmel. CHAOS IM OLYMP!

Der ERZÄHLGEIST bring ein schwarzes Uralt-Telefon mit Wählscheibe herbei. JUPITER wählt nachdenklich, aber entschlossen. Er wartet kurz, dann erfolgt eine Toneinspielung aus dem Off:

> „Bitte rufen Sie die Störungsstelle an."

MERKUR *(steht auf, geht zu JUPITER und reicht ihm sein Smartphone):* Probiere es mal damit.

JUPITER tippt eine einzige Ziffer. Der SCHÖPFERGEIST ist sofort dran.

JUPITER: Es tut mir so leid, aber wir schaffen es nicht. Wir brauchen deine Hilfe. Inzwischen haben wir Chaos auf Erden und Chaos im Olymp. Wir warten auf ein Wunder, und das kannst nur du vollbringen. Du musst Hirn runterwerfen!

10 Plastikhirne fallen auf die Bühne herab.

JUPITER: Ich meinte doch für die Menschen! .... Ich verstehe, heute geht's nicht mehr... aber morgen dann am Montag... OK... OK... Ich danke dir sehr! Was wären wir ohne dich und deine Hilfe! Wir wären verloren!

JUPITER beendet das Gespräch und gibt das Smartphone an MERKUR zurück. Es ist ein deutliches Aufatmen zu spüren. Ein

Hoffnungsschimmer ist im Antlitz der Götter zu sehen.

SATURN: Noch ist Polen nicht verloren!

PLUTO: Dann klappt es vielleicht doch noch mit dem Schmetterling.

MARS: Der SCHÖPFERGEIST ist ein echter Kämpfer! Was der anpackt, das wird was.

ERZÄHLGEIST: Die Götter ziehen sich jetzt in ihre göttlichen Gemächer zurück. Ich bin sehr gespannt, wie der SCHÖPFERGEIST morgen für frischen Wind sorgen will.

Die Götter und der ERZÄHLGEIST verlassen die Bühne. Schließlich ist die Bühne leer, die Szene beendet und das Licht geht aus.

Nach einiger Zeit der Stille beginnt das Licht langsam zu dämmern. Dann beginnt ein großes Spektakel. Als Toneinspielung erfolgen brausende Winde, wildes Meeresrauschen und harte Gewitter mit massiven Donnerschlägen. Im Hintergrund läuft Wagners Ouvertüre zur Götterdämmerung. Auf der Bühne Blitzlichter, wehende Tücher, herumwehende Requisiten. Vereinzelt rennen Götter mit Regenschirmen durchs Bild.

Nach drei abschließenden Donnerschlägen wird es heller. Die Götter kommen langsam zurück in den Kreis. Sturm und Regen enden, die Götter finden sich wieder an ihrem Platz ein und sammeln sich.

Plötzlich klingelt MERKURS Smartphone. Er blickt aufs Display und reicht es an JUPITER weiter.

MERKUR: Für dich!

JUPITER *(nimmt zögerlich das Gespräch an):* Ja .. ja... jaja... ach! ... jawohl... ok... so soll es sein!

Er sagt noch „Danke", aber da hat der SCHÖPFERGEIST schon aufgelegt.

JUPITER *(tritt vor die Schar seiner Götter hin):* Der SCHÖPFERGEIST war wahrlich „not amused". Er hatte gedacht, wir kriegen das selbst hin. Stattdessen konnte er vorfinden, was wir verschlimmbessert hatten. Aber nun hat er die Weichen gestellt, damit auf Erden wieder alles ins Lot kommt. Er sagt, dass es Ruhe und Zeit brauchen wird bis zum Erntedankfest. Dann sei das Bewusstsein bei den Menschen so angestiegen, dass sie wieder einen klaren Kopf haben.

PLUTO: Das klingt ja fast wie ein RESET. Alles wird auf Neuanfang gestellt.

URANUS: Und dann kann es sinnvoll weitergehen.

MOND: Voller Liebe und Mitgefühl füreinander und für die ganze Schöpfung.

JUPITER: Lasst uns das Geschehen beobachten, ohne dabei unsere eigene Entwicklung aus den Augen zu verlieren! Wir waren auch ganz schön durch den Wind. Wir sollten zu uns finden, jeder für sich, und schließlich auch gemeinsam. (Schaut einmal intensiv durch die Runde.) Wir sehen uns in diesem Kreis wieder zum Erntedankfest.

Die Götter verlassen in kleinen, leise flüsternden Gruppen die Bühne.

ERZÄHLGEIST *(tritt nach vorne):* Was für eine Wendung! Auch ich bin jetzt beruhigt, denn nun hat ein echter Profi die Lenkung übernommen. Das hat es schon sehr, sehr lange nicht mehr gegeben. Mann oh Mann... das war wirklich knapp.

~ Ende Akt 5 (Pfingsten) ~

Akt 6: Erntedank

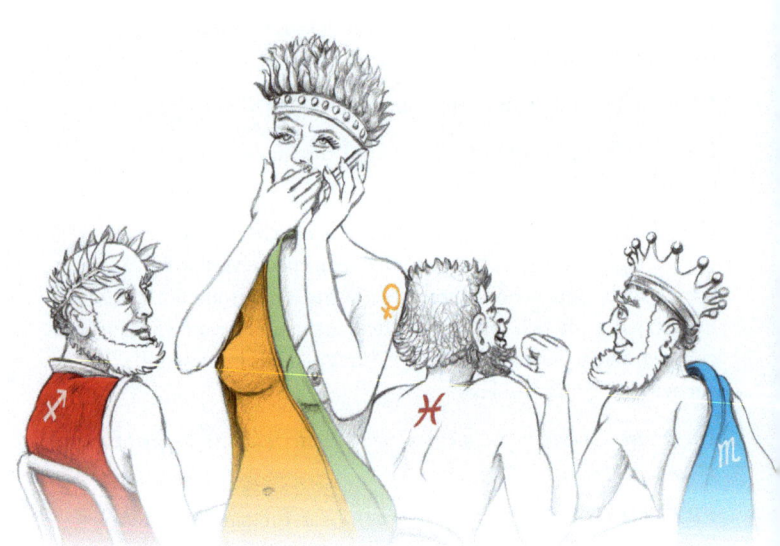

Szenario im Olymp:

Der ERZÄHLGEIST tritt nach vorne. Symphonische Musik ertönt: „Freude schöner Götterfunken" aus Beethovens neunter Sinfonie.

ERZÄHLGEIST: Im Olymp sind seit Pfingsten ungefähr 100 Tage vergangen, also auf der Erde circa 10 Jahre. Hier oben laufen derzeit die Vorbereitungen zum Erntedankfest.

Im Hintergrund werden Schüsseln mit der Ernte zusammengetragen, mit Äpfeln, aber auch mit Smartphones. Jeder der Götter bringt seine persönliche Gabe mit und legt diese auf den runden Tisch in der Mitte, um danach wieder im ihrem Kreis Platz zu nehmen. Die Stimmung der Götter ist irgendetwas zwischen entspannt und dankbar. Verflogen sind die Hektik und die Sorgenfalten vergangener Tage. Stattdessen haben sich Optimismus und freudige Erwartung im Antlitz der Götter breitgemacht.

Alle nehmen in dem Kreis Platz, bis auf den MOND.

Der Paternoster klingelt, der MOND tritt heraus mit einem strahlenden Lächeln.

VENUS: So haben wir Dich ja lange nicht mehr gesehen! Die letzte Zeit hast Du immer nur geweint!

MOND: Da unten hat sich so vieles zum Guten gewendet, dass ich jetzt voller Freude und Zuversicht in die Zukunft der Menschheit blicke!

Ich habe den Eindruck gewonnen, dass die Menschen jetzt an einem Strang ziehen.

MARS: Und was ist mit dieser permanenten Aggression?

MOND: Die vermeintlichen Gegner hauen sich jetzt nicht mehr gegenseitig die Köpfe ein, sondern ziehen tatsächlich an einem Strang zum Wohle aller. Statt Auge um Auge, Zahn um Zahn kämpfen sie jetzt für eine gemeinsame Sache!

SATURN: Welche denn?

MOND: „We are one", wir wollen den Planeten retten!

SATURN: Gott sei Dank, jetzt haben Sie es kapiert! Beim Urknall ist ja alles aus dem Einen entstanden. Alle Materie, alles Leben, alle Ideen, alle Ideologien. Alle Menschen, alle Götter!

NEPTUN: Wenn verschiedene Flüsse aus der gleichen Quelle fließen – zum Beispiel Rhein und Rhône im Gotthart-Massiv – darf doch jeder seine Einzigartigkeit entwickeln und ihr freien Fluss lassen. Wenn das der Menschheit ebenso gelingt, hat sie gewonnen!

PLUTO: Das alles klingt zu schön, um wahr zu sein!

SONNE: Ich fände es einfach großartig, wenn die Menschen zu ihrer Eigenverantwortung zurück gefunden hätten, ohne Wenn und Aber!

MOND: Genau dieses Gefühl habe ich! Die Menschen lassen sich nicht mehr von der Technik steuern und verführen! Sie sind selbst-bewusst geworden!

URANUS: Das scheint der Einfluss des SCHÖPFERGEISTES zu sein. Er hat das Hirn auf die Menschheit geworfen!

VENUS: Und offensichtlich haben sie das Hirn auch aufgefangen, sonst wäre der MOND wieder weinend gekommen!

JUPITER: Ich bin froh, das sieht ja gut aus!

SATURN: Bitte bedenkt: Positive Ansätze haben wir im Verlauf der Zeit ja schon öfters erlebt!

MERKUR: Es gibt nichts Gutes, außer man tut es.

JUPITER: Und wir selbst bestimmen mit, wie unser Leben verläuft. Ihr erinnert Euch sicher an meine Lieblingsgeschichte zur Polarität allen Lebens:

„Ein weiser Halbgott saß mit seinem Enkelsohn am Lagerfeuer. Es war schon dunkel geworden und das Feuer knackte, während die Flammen in den Himmel züngelten. Der Halbgott sprach nach einer Weile des Schweigens: 'Weißt du, wie ich mich manchmal fühle? Es ist, als ob da zwei Wölfe in meinem Herzen miteinander kämpfen würden. Einer der beiden ist rachsüchtig, aggressiv und grausam. Der andere hingegen ist liebevoll, sanft und mitfühlend.'

'Und welcher der beiden Wölfe wird den Kampf um Dein Herz gewinnen?' fragte der Junge schließlich neugierig.

Der weise Halbgott erwiderte sogleich: ‚Der Wolf, den ich füttere!'"

MERKUR: Wenn wir ehrlich sind, gilt das für uns Götter genauso wie für die Menschen!

NEPTUN: Lasst uns ehrlich sein! Ehrlich währt am Längsten!

Das Smartphone von VENUS klingelt. Als sie die Nummer im Display sieht, errötet sie. Die anderen Götter beginnen zu tuscheln.

VENUS *(tritt zur Seite und spricht hinter vorgehaltener Hand):* Ich kann jetzt gerade nicht! ... Ja, ja, ich vermisse dich auch!

JUPITER: Hört, hört – so viel zum Thema Ehrlichkeit!

URANUS: Heißt das, dass sich die Menschen wieder für die Götter interessieren?

VENUS: Zumindest für mich als attraktive Göttin!

MOND: Jetzt kann wieder zusammenwachsen, was zusammen gehört!

MARS: Da kommt wieder etwas in Bewegung! Vielleicht sogar in rhythmische Bewegung!

JUPITER: Ehrlich gesagt, das gefällt mir: Das Smartphone scheint jetzt nur noch ein verbindendes Werkzeug zu sein, welches nicht anstelle der Götter tritt, sondern mit diesen Kontakt herstellt.

MERKUR: Die Anrufung der Götter! Voll digitalisiert! Da haben sogar die Schafe und Ziegen etwas davon und müssen nicht mehr geopfert werden wie in früheren Zeiten, damit die Menschen mit uns in Kontakt treten.

SATURN: Stimmt, das ist bio und öko. Dann trägt die Digitalisierung tatsächlich zur Nachhaltigkeit bei.

VENUS *(seufzt und drückt ihr Smartphone an die Brust):* Ist das nicht zuckersüß? Digital und analog in Einem!

JUPITER: Der Worte sind genug gewechselt. Lasst uns endlich Taten sehen und in aller Demut Erntedank feiern!

Die Götter gehen zum Gabentisch. Die neunte Symphonie von Beethoven braust nochmals auf: „Freude, schöner Götterfunken, Tochter aus Elysium, wir betreten feuertrunken, Himmlische, dein Heiligtum. Deine Zauber binden wieder, was die Mode streng geteilt, alle Menschen werden Brüder, wo dein sanfter Flügel weilt. Seid umschlungen Millionen! Seid umschlungen Millionen! Diesen

Kuss der ganzen Welt. Brüder überm Sternenzelt muss ein lieber Vater wohnen!"

Der ERZÄHLGEIST steht vor der Szene und dirigiert mit dem Dirigentenstab mit. Anschließend verbeugt er sich vor dem Publikum.

~ Ende Akt 6 (Erntedank) ~

Akt 7: Weihnachten

Szenario im Olymp:

Die Archetypen sitzen in einer Reihe, JUPITER in der Mitte (Analogie zum letzten Abendmahl). Alle verpacken Geschenke, denn Weihnachten steht wieder einmal vor der Tür. Auf dem Tisch liegen viele Christbaumkugeln, vor jedem Archetyp eine große Kugel in der jeweiligen kosmischen Farbe.

Die Götter selbst tragen T-Shirts in derselben Farbe, auf der Vorderseite mit Symbol des Archetypen und auf der Rückseite mit Symbol der Tierkreiszeichen.

Ein noch nicht fertig geschmückter Weihnachtsbaum lehnt an der Wand.

Spot auf ERZÄHLGEIST (der zum Publikum spricht), Abdimmen der Götter im Hintergrund, sie basteln unentwegt an ihren Geschenken weiter.

ERZÄHLGEIST: Ja, ist denn schon wieder Weihnachten? Und täglich grüßt das Murmeltier: Es kommt mir vor, als ob ich diesen Satz erst gestern gesagt hätte, und doch ist schon wieder ist ein ganzes Jahr vergangen, in Worten: zwölf Monate. Anfang und Ende sind immer eins.

MOND: Und auf Mutter Erde sind annähernd 33 Jahre vergangen! Wir hier oben haben vielleicht ein Déjà-vu-Erlebnis und meinen, dass alles so aussieht wie im letzten Jahr.

SATURN: Zeit ist relativ, überlegt doch mal: In 33 Jahren hat Mozart Werke für die Ewigkeit geschaffen!

PLUTO: Und der berüchtigte Diktator hat in nur 12 Jahren seines 1.000-jährigen Reiches den Karren an die Wand gefahren!

URANUS: Okay, habe ich verstanden! Aber da unten hat sich ja seitdem viel verändert!

JUPITER: Ein großer Schritt für die Menschheit. Und was ist mit uns? Haben wir uns auch bewegt?

SATURN: Lasst uns doch bitte erst einmal analysieren, was wirklich passiert ist. Ich brauche Fakten und die sehen doch nüchtern betrachtet so aus: Die Menschheit rannte wie die Lemminge auf den Abgrund zu; wir, die Götter, haben jämmerlich versagt und der SCHÖPFERGEIST hat es wieder einmal gerichtet.

SONNE: Ja, SATURN hat recht: Es ist nicht alles Gold, was glänzt, auch nicht bei uns Göttern. Die Menschen sind wieder gut unterwegs. Aber sind wir das auch?

NEPTUN: Berechtigte Frage! Die Menschen sind ja aufgestiegen. Im wahrsten Sinne des Wortes. Der Abstand zwischen „da unten" und „hier oben" löst sich immer mehr auf. Einige schaffen es sogar wieder, uns Götter anzurufen.

MOND: Und das, ohne Blut zu vergießen und hilflose Tiere zu schlachten, wie früher einmal.

PLUTO: Merkt ihr eigentlich, dass wir komplett stillstehen und uns nicht weiterbewegen?

URANUS: Dabei ziehe ich doch das Neue-Wege-Gehen der monotonen Beständigkeit eines göttlichen Karussells vor.

SATURN: Das Leben ist Veränderung. Stillstand ist der Tod. Zwar sind wir unsterblich, aber das entbindet uns nicht davon, dass wir uns auch weiterentwickeln müssen.

JUPITER: OK. Die Menschheit hat sich innerhalb dieses Jahres zum Positiven entwickelt. Wenn wir nächstes Jahr wieder hier Weihnachten feiern, erwarte ich, dass auch wir uns weiterentwickelt haben.

SONNE: Gut, dann erstrahlen wir wieder selber und geben den Menschen wieder ihr Smartphone zurück, was ja auch hier oben für viel Irritation gesorgt hat.

VENUS: Eins können wir ja hier oben behalten, als Andenken.

MARS: Hört, hört, wie uneigennützig.

JUPITER: Wie auch immer, schließen wir dieses Jahr ab, wie wir das letzte begonnen haben. Nur andersherum: Bringen wir den Menschen ihr Smartphone zurück. Denn keiner braucht es für seine eigene Entwicklung. MERKUR, du erledigst das bitte in gewohnter Zuverlässigkeit.

MERKUR sammelt alle Smartphones ein, bis auf jenes von VENUS, und steigt in den Paternoster nach unten.

MOND: Jetzt wird es aber wirklich Zeit, dass wir uns für weihnachtliche Gefühle öffnen.

Sanfte Weihnachtsmusik ertönt im Hintergrund. Die Götter umarmen sich gegenseitig.

ERZÄHLGEIST *(tritt nach mit salbungsvollen Worten nach vorne):* Ach wie ist das schön! Ein Schluss wie in Rosamunde-Pilcher-Filmen. Mir wird ganz warm ums Herz. Wir sehen, wie bewusstes Sein Bewusstsein erst ermöglicht!

Das Licht flackert. Der ERZÄHLGEIST dreht sich irritiert nach hinten um.

JUPITER ruft: Oh, der SCHÖPFERGEIST möchte uns auch noch etwas Schönes zu Weihnachten schenken!

In diesem Moment läutet der Paternoster:

MERKUR *(steigt aus mit den Worten):* The show must go on! Ich habe Euch etwas Neues von den Menschen mitgebracht! Das ist echt der Knaller!

Die Götter verbergen ihr Gesicht hinter den Händen.

JUPITER *(ruft)*: Um der Götter Willen! Das ist ja eine schöne Bescherung!

Der Vorhang fällt, Licht aus.

~ *Ende Akt 7 (Weihnachten)* ~

Besetzung

Name (Tierkreiszeichen)	Element-farbe	Kosmische Farbe (Nm)	Bemerkung
Neptun (Fische)	blau	645	
Uranus (Wassermann)	gelb	658	
Saturn (Steinbock)	grün	461	
Jupiter (Schütze)	rot	743	
Pluto (Skorpion)	blau	486	
Venus (Waage)	gelb	616	
Merkur (Jungfrau)	grün	483	
Sonne (Löwe)	rot	540	
Mond (Krebs)	blau	582	
Merkur (Zwilling)	gelb	483	siehe Jungfrau
Venus (Stier)	grün	616	siehe Waage
Mars (Widder)	rot	471	
Erzählgeist			
Schöpfergeist			spricht aus dem Off

Der Tierkreis

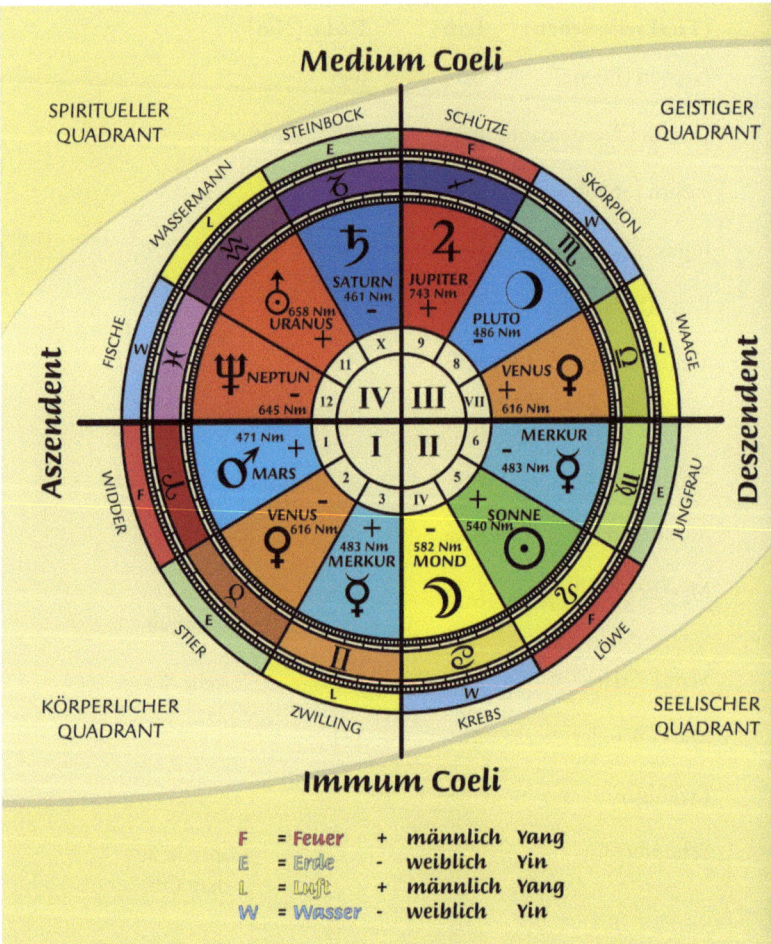

Requisite

Gehirne (aus Plastik)

Geschenkpakete (von Merkur)

Geschenkpapier (kleine Kartons)

Klangschale (oder Gong)

Laserpointer

Mikrofon

Obstschalen für das Erntedankfest

Tierkreis an der Wand

Schildmützen

Smartphones

T-Shirts

Urne + Stimmzettel

Ventilatoren

Wählscheibentelefon

Weihnachtsbaum

Weihnachtsdeko

Wunderkerzen

Tonaufnahmen:
Telefonansage, Sturmbrausen, Weihnachtsmusik, Ouvertüre „Götterdämmerung von Richard Wagner „Freude schöner Götterfunken" aus Ludwig van Beethovens 9. Sinfonie.

www.chaos-im-olymp.de

Die Autoren

Thomas Künne ist Astrologe, Schwingungstherapeut, Autor und Pädagoge. Er verknüpft äußere Impulse mit inneren Bildern, träufelt bewusstes Sein in das kollektiv Unbewusste, hilft dabei, den eigenen Weg (in die Mitte zu finden) und sinn-volle Spuren zu hinterlassen.

Karsten Wendland ist Informatikprofessor, Technikfolgenforscher und Märchenerzähler. Aktuelle Arbeitsgebiete sind: Der Mensch in der vernetzten Welt, Selbstbestimmung in digital vermittelten Entgrenzungsprozessen und professionelles Bleibenlassen.

Beide Autoren sind Experten für **Chaos** (altgriechisch: Zustand vollkommener Unordnung und Verwirrung) und **Kosmos** (griechisch: (Welt-)Ordnung und Universum). Beides gehört zusammen wie Tag und Nacht, Ebbe und Flut, Yin und Yang, Marianne und Michael.

„Ich sage euch: man muss noch Chaos in sich haben, um einen tanzenden Stern gebären zu können."

Friedrich Nietzsche aus: Also sprach Zarathustra